Bisher erschienen:

Band 1: Mirabells Zaubermähnen im Regenbogenschloss
Band 2: Mirabells Zaubermähnen bei den Zuckerfeen
Band 3: Mirabells Zaubermähnen und das Seerosen-Fest
Band 4: Mirabells Zaubermähnen in der Wolkenwelt
Band 5: Mirabells Zaubermähnen und das letzte Einhorn

Ann-Katrin Heger

Reise ins Land der Einhornkönigin

Illustriert von Dorothea Ackroyd

ISBN 978-3-7432-0162-0
1. Auflage 2018
© 2018 Loewe Verlag GmbH, Bindlach
Dieser Titel enthält die Einzeltitel
Mirabells Zaubermähnen im Regenbogenschloss,
Mirabells Zaubermähnen bei den Zuckerfeen und
Mirabells Zaubermähnen und das Seerosen-Fest © 2016 Loewe Verlag GmbH, Bindlach
Umschlag- und Innenillustrationen: Dorothea Ackroyd
Umschlaggestaltung: Jessica Szczepanek
Printed in Poland

www.loewe-verlag.de

Inhalt

Mirabells Zaubermähnen im Regenbogenschloss

Mirabells Zaubermähnen bei den Zuckerfeen

Mirabells Zaubermähnen und das Seerosen-Fest

Komm mit mir durch Raum und Zeit
in das Land Mirabilis!
Wunder stehen hier bereit,
öffne dieses Buch und lies!

Vier Pferde traben dort heran:
Krümel, Flamme, Tröpfchen, Wind.
Und du siehst es ihnen an,
dass sie ganz besonders sind.

Ihre Zaubermähnen funkeln
so bunt, so strahlend märchenhaft.
Und sie helfen allen gerne
mit ihrer Sterne Zauberkraft.

Erde, Wasser, Luft und Feuer
sind vereint in diesen vier.
Sie bestehen Abenteuer,
und das nächste hier mit dir!

Krümels Zaubersterne

„Darf ich noch mal gucken?", fragt Krümel.
„Ach, bitte, biiiitte." Wind, das weiße Zauberpferd, lacht und senkt den Kopf. In seiner Mähne
funkeln silberne Sterne wie glitzernde Spiegel.

Krümel sucht sich den größten aus und
schaut hinein. Wind hält ganz still, damit
Krümel sich von allen Seiten betrachten kann.

Sie sieht ein junges
Pferd mit grün
schimmerndem
Fell, ihr weiches
Stupsmaul und die
spitzen Ohren, die
aufgeregt hin und
her wackeln.

Seit gestern jedoch schimmern
in ihrer Mähne auch noch jede
Menge grüner Sterne –
Zaubersterne. Genau
wie bei ihren drei
Freundinnen.
Wunderschön
sieht das aus,
findet Krümel.

„Ich kann es
immer noch
nicht glauben",
wispert sie.
„Jetzt bin ich
eine richtige
Zaubermähne. So
wie ihr." Stolz sieht
sie zu Wind, ihrer
klugen, älteren
Freundin.

„Ja, das bist du", sagt Wind.
„Und mir ist aufgefallen,
dass deine Zauber-
sterne besonders
hell leuchten. Ich
glaube, sie sind
sehr mächtig."
„Juhu, ich
freu mich so!",
ruft Krümel
und springt
wild herum.
Ein paar
Sterne fallen
aus ihrer
Mähne auf die
Wiese. Dort ver-
wandeln sie sich in
duftende Blüten. Krümel
steckt sofort ihre Nase hinein.

„Mmm, das riecht aber lecker! Ha…ha…
hatschi!" Gelber Blütenstaub wirbelt in einer
Wolke nach oben und hüllt Krümel ein. Als er
sich legt, ist Krümel nicht mehr grün, sondern
gelb. Besonders um ihre Nase.

Flamme und Tröpfchen, die rote und die
blaue Zaubermähne, kommen herangaloppiert.
Flamme jagt wie immer in vollem Tempo und
bremst erst in letzter Sekunde. Tröpfchens

Bewegungen sind weich und fließend, fast, als würde sie schwimmen. Vorsichtig und behutsam, wie es ihre Art ist, bleibt sie bei Wind und Krümel stehen.

„Wie siehst du denn aus, Krümel? Hast du etwa in eine Blume geniest?", fragt Tröpfchen und zwinkert der kleinen Stute zu.

„Erraten", antwortet Krümel und kichert.

Eine königliche Nachricht

In diesem Augenblick ertönt ein leises
Summen am Himmel. Eine pinke
Kugel schwirrt durch die Luft.

„Kommt da *noch* ein Zauberstern
für Krümel angeflogen?", fragt
Flamme.

Die Kugel kommt näher und
näher. Dann saust sie dicht
über die Köpfe der Pferde
hinweg wieder nach oben.
Tröpfchen, Flamme und
Wind ducken sich.

Nur Krümel starrt der
Kugel hinterher, ohne sich
zu rühren.

„Krümel, das Ding könnte gefährlich sein",
ruft Tröpfchen aufgeregt. „Geh in Deckung!"

Doch Krümel bleibt stehen. Die Kugel wendet
und donnert nun direkt auf sie zu.

„Hilfe", denkt Krümel. „Schnell weg hier!"
Aber ihre Beine gehorchen ihr nicht. Sie
schließt die Augen und wartet darauf, dass
das pinke Etwas auf sie prallt. Sie wartet.
Und wartet. Nichts. Vorsichtig öffnet sie die
Augen.

Das Etwas schwebt direkt vor ihrer Nase.
Es ist aber gar keine Kugel. Sondern eine
kleine rundliche Elfe in einem pinken Kleid.
„Hallo", sagt die Elfe. „Bist du Krümel
Zaubermähne?"

Krümel nickt. „Krümel bin ich schon eine
ganze Weile. Eine Zaubermähne bin ich erst
seit gestern!"

„Dann bin ich richtig. Puh, jetzt hab ich mich doch glatt ein paarmal verflogen", seufzt die Elfe. Sie guckt sich suchend um. „Sind die anderen auch da?"

Krümel lacht. „Flamme, Tröpfchen, Wind! Hier will euch jemand kennenlernen." Dann stutzt sie. „Wer bist *du* denn eigentlich?"

„Oh, ich hab mich ja noch gar nicht
vorgestellt." Die Elfe holt tief Luft und sagt
feierlich: „Liebe von und zu wohlgeratene
Zaubermähnen! Im Namen von Königin
Mirabell muss und *darf* ich eine äußerst
gewichtige Nachricht in die Welt posaunen.
Denn ich, Belli, bin die hochherrschaftlich
geschlauchte Elfen-Botin unserer innig
geliebten Königin." Stolz blickt die Elfe von
einer Zaubermähne zur anderen.

„Was möchte uns die hochherrschaftlich geschlauchte Elfen-Botin denn mitteilen?", will Flamme wissen.

Belli schaut Flamme verwirrt an. „Hab ich *geschlaucht* gesagt? Ich meinte natürlich *durchlaucht* oder wie das heißt. Ich bin ganz durcheinander."

„Das macht doch nichts", versucht Tröpfchen die Elfe zu trösten. „Wir haben dich schon verstanden." Die anderen Pferde nicken zustimmend.

„Echt?", fragt Belli erleichtert. „Ihr seid nett!
Dann übergebe ich euch nun den Brief unserer
gefeierten von und zu, hinter und vor, hoch und
runter Lieblingsmajestät." Die Elfe klimpert
zweimal mit den Wimpern und kramt nervös in
ihrem Kleid herum. Dann holt sie einen
ziemlich zerknitterten Umschlag heraus. „Hier,
bitte!", sagt sie. Sie hält Wind den Brief hin.

Krümel staunt. Der Brief glitzert in allen Farben des Regenbogens. Wind räuspert sich und liest vor:

Liebe Zaubermähnen,

ich freue mich sehr, dass Krümel nun ihre Zaubersterne bekommen hat. Herzlichen Glückwunsch!

Beste Freundinnen seid ihr schon lange. Aber nun seid ihr vier auch im Zauber vereint.

Wasser, Feuer, Erde, Luft!

Deshalb rufe ich euch zu mir ins Regenbogenschloss, denn ich brauche eure Hilfe!

Regenbogenbunte Grüße von

Königin **Mirabell**

Wind hält kurz inne und schaut Krümel an.
Die wird vor lauter Freude rot um die Nasen-
spitze. Echte Glückwünsche von einer echten
Königin! Wie aufregend …

Wind endet und eine Weile ist es ganz still.

Das Regenbogenschloss

Die Zaubermähnen sind in ihre Gedanken versunken, nur Krümel schlägt unruhig mit dem Huf auf die Wiese.

„Also ich verstehe überhaupt nichts", murmelt sie. „Was meint Königin Mirabell denn mit: Feuer, Wasser, Erde und Luft?"

„Ich erkläre es dir", meint Tröpfchen. „Flammes Fell ist rot. Ihr Zauber beherrscht das Feuer. Winds Fell ist weiß – wie die Luft. Und du bist grün. Dein Element ist die Erde, die Natur und alles, was wächst. Das hast du doch sicher an den riesigen Blumen bemerkt, die deine Sterne gezaubert haben?"

Krümel nickt und kichert plötzlich los. „Dann bist du also ein Seepferdchen?"

Tröpfchen schmunzelt. „Könnte man so sagen … Ich kann alles verzaubern, was mit Wasser zu tun hat. Und jetzt sind diese vier Zauberkräfte endlich zusammen. Wir alle haben deine Zaubersterne lange herbeigesehnt."

„Und ich erst! Das kannst du mir glauben", antwortet Krümel. „Jetzt verstehe ich, warum

die Königin uns für Mirabilis braucht. Wir sollten sie auf keinen Fall länger warten lassen!" Sie schaut abenteuerlustig in die Runde. „Weiß einer, wo es langgeht?"

Belli schüttelt den Kopf. „Das ist schwer zu sagen. Das Regenbogenschloss ist verborgen. Nur unter einem Regenbogen kann es sichtbar werden." Dann guckt sie in den Himmel.

Gerade schiebt sich eine dicke Wolke vor
die Sonne. „Mist! Jetzt ist die Sonne
weg. Und die braucht man ja
wohl für einen Regen-
bogen …" Enttäuscht
lässt sie sich auf die
Wiese plumpsen
und stützt den
Kopf in die Hände.

Wind stupst sie
sacht an. „Und
wofür, denkst du,
sind wir Zauber-
mähnen da? Das ist
doch kein Problem."

Belli blickt auf. Sie
sieht, wie Wind ihre
Mähne schüttelt. Ein silberner Stern schwebt heraus.
Im nächsten Augenblick kommt

warmer Wind auf und wird immer stärker.
Er zerzaust das Fell der Pferde. Und
er bauscht Bellis Kleid auf.

Oben am Himmel vertreibt er
die Wolke, die die Sonne
verdeckt. Belli staunt.

„Und jetzt kommt das
Wasser!", sagt Wind zu
Tröpfchen. Die schüttelt
ebenfalls ihre Mähne.
Ein blauer Stern fällt
heraus. Mit einem Mal
wird die große Wolke
am Himmel dunkler und
dunkler. Schon bald
prasseln die ersten
Regentropfen zu Boden.

„Sonnenschein bei Regen!",
quietscht Belli froh. „Das gibt ja
einen …"

„… Regenbogen!", ergänzen die Zaubermähnen im Chor. Und tatsächlich: Quer über
den Himmel spannt sich nun ein breiter
Regenbogen. Er ist klar und kräftig. Doch
schon im nächsten Augenblick wirbeln die
Farben durcheinander. Dann tropfen sie aus
dem Regenbogen. Darunter wird in weiter
Ferne der Umriss eines Schlosses sichtbar.

„Das Regenbogenschloss!", ruft Krümel. „Die
Farben machen es sichtbar."

„Kaum zu glauben", murmelt Wind. „Als hätte
es schon immer da gestanden …"

„Es steht überall und nirgendwo, aber immer
da, wo ein Regenbogen ist", erklärt Belli. „Nur
eben für alle anderen unsichtbar."

„Mirabilis ist nun mal das Land der zauber-
haften Überraschungen", sagt Flamme. „Und
nun sollten wir aufbrechen. Königin Mirabell
erwartet uns."

„Darf ich auf dir reiten?", fragt Belli Krümel.

„Aber klar", sagt Krümel. „Steig auf!"

Belli fliegt einen Looping und landet weich auf Krümels Rücken. Entschlossen klemmt sie ihre Beine in den Nacken der Stute. „Hüh, mein Pferdchen!", ruft sie.

„Verrückte kleine Elfe", denkt Krümel und lächelt. Sie fühlt sich so glücklich. Ob das an den Zaubersternen liegt? Oder daran, dass sie die Königin treffen wird? Als sie losgaloppiert, weiß sie es plötzlich: Sie ist glücklich, weil sie eine neue Freundin hat – Belli.

Das magische Hufeisen

So etwas wie das Regenbogenschloss hat Krümel noch nie gesehen. Es ist aus winzigen bunten Steinen aufgebaut, die in der Sonne glitzern. An den Ecken stehen kleine Türme und die Dächer sehen aus wie Sahnehäubchen. Aus den Schornsteinen blubbern niedliche rosa Seifenblasen.

Belli flattert durch das Eingangstor. „Ich schau mal, wo die Chefin ist."

„Die Chefin?", fragt Tröpfchen und scharrt verwundert mit den Hufen.

„Äh, ich meine natürlich: Ihre hochherrschaftliche Majestät, Königin Mirabell", sagt Belli. Und dann ist sie auch schon verschwunden.

Die Zaubermähnen traben langsam in den Hof des Schlosses. In allen Fenstern sehen sie ihr Spiegelbild in den Farben des Regenbogens.

„Das steht mir noch besser als Blüten-staub", denkt Krümel. Ihr Blick fällt auf ein gläsernes Hufeisen. Es schwebt in der Mitte des Hofes. Neugierig be-schnuppert sie es.

„Wofür das wohl gut ist?", überlegt sie. Sie will gerade Wind fragen, doch dann hört sie eine zarte Stimme, die sagt: „Da seid ihr ja! Wie schön."

Krümel dreht sich um. Unter einem

schimmernden Torbogen steht ein Einhorn. Die
Zaubersterne in seiner Mähne leuchten in den
Farben des Regenbogens und sein Horn
glitzert wunderschön.

„Ich bin Königin Mirabell und ich freue mich,
dass ihr meine Einladung angenommen habt",
sagt das Einhorn. Dann wendet sich Mirabell
an Belli, die aufgeregt um sie herumflattert. „Ich
danke dir, dass du sie zu mir gebracht hast."

„Eine meiner leichtesten Übungen", antwortet die Elfe und lässt sich wieder auf Krümels Rücken plumpsen.

Flamme, Wind, Tröpfchen und Krümel verbeugen sich tief. „Wie können wir dir helfen?", fragt Wind.

„Ich möchte euch gerne etwas in meinem magischen Hufeisen zeigen. Etwas, das mir Sorgen macht", sagt die Königin. „Tretet näher!"

„Ah, das gläserne Hufeisen ist also eine Art Wahrsagekugel", denkt Krümel.

Die Zaubermähnen folgen Mirabell. Sofort beginnt das Hufeisen zu leuchten. Helle Funken sprühen in alle Richtungen und tanzen um die Zaubermähnen herum. Erst sind in dem Hufeisen nur Farbwirbel zu sehen. Doch schon bald kann Krümel ein Bild erkennen: ein kleiner Rennfuchs, der in einer Höhle einge-sperrt ist. Oh nein, wie furchtbar! Krümel spürt, wie traurig der Fuchs ist. Und wie viel Angst er hat. Außerdem muss ein Rennfuchs rennen. Und in seinem Gefängnis kann er das nicht. Krümels Fell sträubt sich.

„Ist das echt?", fragt sie entsetzt. „Passiert das jetzt in diesem Augenblick?"

Mirabell nickt. „Durch das Hufeisen kann ich beobachten, was in Mirabilis geschieht."

Krümel schlägt unruhig ihren Schweif hin und her. „Ich würde dem armen Fuchs so gerne helfen …" Sie sieht Wind, Flamme und Tröpfchen fragend an. „Das können wir doch, oder?"

„Selbstverständlich", antwortet Flamme. „Wir haben nun den Zauber der Vier! Der Fuchs ist so gut wie frei!" In diesem Moment hört das Hufeisen auf zu leuchten und das Bild verblasst.

Mirabell seufzt erleichtert: „Danke. Ich wusste, dass ich mich auf euch verlassen kann. Viel Glück, meine lieben Zauber- mähnen."

Die vier wiehern zustimmend und traben aus dem Schloss hinaus.

Der wilde Willi

„Mir nach!", ruft Krümel. „Ich glaube, ich weiß, wo der Fuchs ist: im Wald der Wunder."

„Das liegt an deinen grünen Zauberkräften", sagt Wind. „Du spürst die Natur – und eben auch, dass der Fuchs im Wald sein muss. Vertraue diesem Gefühl!"

Krümel galoppiert los und die anderen folgen ihr.

Zuerst quer über die immergrünen Weiden. Dann durch den murmelnden Fluss. Vorbei an den Wolkengebirgen und den Tälern des ewigen Frühlings. Bisher kennt Krümel nur die Weide der Zaubermähnen.

Wind hat ihr zwar
jeden Abend
eine Gute-
nacht-
geschichte
von
Mirabilis'
Land-
schaften und
seinen zauber-
haften Bewohnern
erzählt. Aber nun kann sie
all das wirklich sehen. Sie freut sich schon auf
die Feen, Elfen, Trolle und auf all die anderen
Tiere und Wesen, die sie bestimmt bald
kennenlernen wird.

Plötzlich bemerkt Krümel ein Ziehen im
Bauch. Sie sieht sich um. Ja! Da vorn stehen
viele Bäume! Die Sonne scheint darüber, ihre
Strahlen glitzern und leuchten hell. Das muss

der Wald der Wunder sein. Sie galoppiert ein bisschen schneller. Hoppla? Was ist das? Jemand zieht an ihrer Mähne.

„He, mach langsam", hört Krümel eine vertraute Stimme. „Ich fall gleich runter!"

„Belli!", ruft Krümel glücklich. „Du bist mitgekommen?"

„Glaubt ihr, ich lasse euch in so einer gefährlichen Sache allein? Nein, nein, Belli ist an eurer Seite."

„Das ist beruhigend", meint Krümel. Sie hält an einem großen Schild aus Holz an, das an einem Baum hängt. „Denn jetzt, befürchte ich, wird es ernst."

Tröpfchen liest vor:

Kommt alle zum großen
und schnellen und
wichtigen und unglaublich
spannenden Rennen.
Heute!

PS: Nicht verpassen!

„Hier findet nur ein Rennen statt. Meinst du wirklich, wir sind hier richtig, Krümel?"

„Ich bin mir sicher", meint Krümel. „Hier ganz in der Nähe wird der Rennfuchs gefangen gehalten."

„Das passt doch zusammen", pflichtet Wind Krümel bei. „Hier findet ein *Rennen* statt und ein *Renn*fuchs ist verschwunden."

„Das glaub ich nicht", grunzt es neben Krümel. Krümel spürt, wie Belli sich vor Schreck in ihre Mähne krallt.

Das Gegrunze kommt von einem ziemlich wild aussehenden Wildschwein. Es trägt Cowboystiefel und eine Lederjacke mit vielen Aufnähern. „Ich bin saucool" und „Schwein gehabt, du Schweinebacke!" kann Krümel lesen. Die langen, borstigen Haare des Wildschweins hängen ihm wirr ins Gesicht. Immer wieder schiebt es seinen Unterkiefer nach vorn und bläst kräftig nach oben. Die Haare fliegen kurz auf und fallen dann *klatsch!* wieder über seine Augen.

„Ich bin wirklich auch sehr betrübt, was da mit dem kleinen Rennfuchs geschehen ist. Einfach verschwunden, der kleine Mikosch. Buhu! Ja, ja, so kann es gehen", heult das Schwein. Aus seinem rechten Auge tropft eine dicke Träne. Doch dann wischt es sie kurz entschlossen ab und sagt: „Aber wir wollen uns von so einer Kleinigkeit das große Rennen nicht verderben lassen, stimmt's?" Es klopft

Flamme lässig auf die Schulter. „Ihr seid doch sicher gekommen, um mich siegen zu sehen! Freut mich, freut mich! Ich heiße Willi. Kommt mit, ich zeige euch die Rennstrecke." Willi macht kehrt und stapft in den Wald hinein.

„Ich würde vorschlagen, wir sehen uns die Sache mal an", meint Wind. „Schließlich wollten wir doch sowieso nach dem kleinen Rennfuchs suchen."

Die vier Zaubermähnen und Belli folgen Willi in den Wald. Krümel staunt. Der Wald ist wunderschön. Überall wachsen bunte Blumen und Vögel mit glitzernden Federn flattern umher. Kleine Waldelfen wuseln überall herum und bereiten das Fest vor, das nach dem Rennen stattfinden soll. Übermütig springen sie von Baum zu Baum und hängen bunte Girlanden und Laternen auf. Doch schon nach ein paar Metern geht es steil nach unten.

„Das ist die Rennstrecke", erklärt Willi und
stolziert an der Kante entlang. „Immer so um
die Bäume rum. Zack, zack, zack. Ganz
einfach. Also zumindest für mich, den wilden
Willi – wie meine Mami immer zu sagen pflegt."
Dann macht er ein Brummgeräusch und rennt
los. Den Abhang hinunter. Weit kommt er
allerdings nicht. Er prallt mit vollem Karacho
gegen den ersten Baum, der in seinem Weg
steht. „Autsch", jault er und reibt sich den Kopf.

Benommen lehnt er sich an den Stamm, rutscht langsam an ihm herunter und winkt den Zaubermähnen zu: „Mir geht's super! Es ging nie besser!", ruft er. Dann bleibt er regungslos sitzen und starrt geradeaus.

„Willi benimmt sich ganz schön merkwürdig, findet ihr nicht auch?", fragt Krümel.

„Finden wir auch", antworten Flamme, Tröpfchen, Wind und Belli wie aus einem Mund.

„Pst", macht es da neben ihnen. Ein Busch winkt die Pferde mit seinen gelb und rot gestreiften Blättern zu sich. „Habt Vertrauen. Die Bewohner des magischen Waldes helfen euch, Mikosch zu finden."

Flamme scharrt ungeduldig mit den Hufen. Auch Tröpfchen und Wind sind startbereit. Nur Krümel steht völlig gedankenverloren da.

Wo ist Mikosch?

„Sag mal, schläfst du? Das ist jetzt überhaupt kein guter Zeitpunkt", sagt Belli. Sie klettert zwischen Krümels Ohren vor zu ihrer Nasenspitze. Wütend stemmt sie die Hände in die Hüften und ruft: „Wir müssen doch den Fuchs befreien. Und zwar jetzt!"

„Genau das tue ich", sagt Krümel. „Ich sammle meine Zauberkräfte." Viele grüne Zaubersterne fliegen aus ihrer Mähne. Hoch, bis in die Kronen der Bäume. Die Bäume rascheln sanft mit den Blättern und verbeugen sich vor der kleinen grünen Stute. Dann richten sie sich wieder auf. Sie alle strecken ihre Äste in eine Richtung. „Sie zeigen uns den Weg", sagt Krümel. „Wir müssen nur folgen."

„Krümel, das hast du wunderbar gemacht", sagt Flamme.

Dann galoppieren sie los. Krümel und Belli voran. Dorthin, wohin die Bäume sie führen. Schon bald wird die Umgebung felsiger. Sie kommen an kleineren und größeren Höhlen vorbei.

Manche sind von kleinen Elfen bewohnt. Sie winken den Zaubermähnen zu und rufen: „Viel Glück bei eurer Suche!" Ein Elfenkind fliegt eine Weile neben den Pferden her. Dann klettert es auf eine glitzernde Blüte und *hopp!* biegt sich die Blüte nach unten und schleudert die kichernde Elfe wieder zu ihren Eltern zurück.

„Bald sind wir da", sagt Krümel, nachdem sie durch einen kühlen Bach gewatet sind. „Ich kann es deutlich spüren." Als sie um die nächste Ecke biegen, sehen sie einen

Höhleneingang, der mit dicken Brettern fest vernagelt ist. Vor der Höhle brennt ein Feuer. „Hier ist es", sagt Krümel. „Aber wir sollten das Ganze erst einmal beobachten. Ich glaube nicht, dass der Entführer das Feuer für den Fuchs angemacht hat", meint Wind. Und richtig: Genau in diesem Augenblick wankt ein borstiges Wildschwein mit einer Ladung Feuerholz im Maul aus dem Wald. Es trägt ausgetretene rosa Ballettschuhe. Und einen Tüllrock, der vor langer Zeit einmal weiß gewesen ist.

„Das muss die
Mutter vom wilden
Willi sein", wispert
Belli. „Dann hat
er Mikosch also
entführt?"
„Sieht ganz so aus",
flüstert Krümel zurück.

„Bin ich froh, wenn die ganze Sache vorbei
ist", grunzt die Wildschwein-Mutter gerade und
wirft ein Holzscheit ins Feuer. „Bald beginnt
das Rennen. Es ist vorbei, Mikosch! Niemand
wird meinen wilden Willi aufhalten können."
Aus der Höhle dringt leises Schluchzen.

„Jetzt reicht es mir", wiehert Flamme
ungeduldig. Sie schüttelt wild ihre Mähne und
ein roter Stern fliegt in das Lagerfeuer. Der
entzündet sich und beginnt, sich schnell zu
drehen. Rote Funken sprühen in alle
Richtungen.

„Hilfe, was ist das?", schreit die Wildschwein-Mutter und guckt an sich herunter.
„Nicht dass die Funken Löcher in meinen
schönen Ballettrock brennen. Nee, da ver-
schwinde ich lieber, sonst geht der noch
kaputt!" Und damit dreht sie sich um und stapft
in den Wald hinein.

„Die wären wir los", meint Wind.
„Schnell, jetzt können wir
Mikosch befreien."
Sie lässt drei
ihrer silbernen
Sterne auf-
steigen. Die
Sterne tanzen
glitzernd in der
Luft. Dann ver-
wandeln sie sich
in eine kräftige
Windböe. *Kracks!*

Die Böe fährt in die Bretter, mit denen die
Höhle zugenagelt ist, und das Holz zerbricht.
Die Bretter fliegen nach allen Seiten weg.
Mikosch ist frei.

Ungläubig linst er aus seinem Gefängnis.

„Du kannst herauskommen. Die Luft ist rein",
versichert ihm Krümel. „Und wenn wir uns
beeilen, schaffst du es sogar noch rechtzeitig
zu dem Rennen!"

Ganz langsam geht Mikosch zu den Zaubermähnen. „Danke, dass ihr mich gerettet habt",
sagt er. Dann schaut er traurig nach unten.
„Aber das Rennen können wir vergessen. Das
schaffen wir niemals rechtzeitig."

„Nur nicht aufgeben, mein schneller Freund!",
sagt Belli und fächelt ihm mit ihren Flügeln
Luft zu. „Schließlich stehst du hier vor vier

Zaubermähnen und – nicht
zu vergessen – einer
königlichen Elfe!" Sie
zwinkert den Zauber-
mähnen zu. „Nun: Ein
kleiner Zauber wird ja
wohl noch drin sein,
hab ich recht? Wer hat
Lust? Tröpfchen, du
vielleicht?"

Tröpfchen lacht. „Zu Diensten", sagt sie.
Einen Augenblick später fliegen vier blaue
Sterne in die Luft. Hoch oben schweben sie
zusammen. Sie werden zu einem einzigen
großen Stern. Der dreht sich schneller und
schneller. Dann schwebt er zur Erde und wird
zu einem breiten Fluss, der sich vor den Hufen
der Zaubermähnen windet. Das Wasser ist klar
und spiegelt sich als leuchtende Punkte in den

Zaubersternen der Pferde wider. Auch Krümel
hat ein paar Zaubersterne losgeschickt. Wie
von selbst fügen sich die losen Bretter, mit
denen die Höhle zugenagelt war, zu einem
Floß zusammen. Es tanzt auf der Strömung
des Flusses.

„Bitte alle einsteigen", sagt sie. „Dieses
Schnellboot wird uns direkt zum Rennen
bringen."

Das große Rennen

Blitzschnell trägt der Fluss das Floß mit Mikosch und den Zaubermähnen zum Start des großen Rennens. Krümel ist ganz schwindelig. So schnell ist sie noch niemals unterwegs gewesen. Das ist schneller als der schnellste Galopp!

Die Zaubermähnen bringen Mikosch zur Startlinie. Dort stehen die Teilnehmer schon bereit. Sie dehnen sich und machen sich warm.

„Wir haben es geschafft", sagt Mikosch glücklich. „Ich bin beim Rennen dabei!"

„Da drüben ist der wilde Willi", raunt Belli Krümel ins Ohr und

zeigt geradeaus. Das Wildschwein ist gerade dabei, gegen einen der Bäume zu boxen. Dabei schüttelt es so wild den Kopf, dass seine langen Haare fliegen.

Als Willi Mikosch sieht, verzieht er das Gesicht zu einer wütenden Grimasse. „Was machst du hier?", zischt er. „Hau ab! Ich will heute gewinnen."

„Der Schnellere gewinnt", antwortet Mikosch ruhig. „Nicht der Gemeinere."

In diesem Augenblick gibt der Schiedsrichter
schon das Startsignal. Alle rasen los. *Wusch!
Zack!* um die Bäume herum.

„Mikosch führt!", ruft Krümel. „Seht ihr, wie
wendig er um die Bäume zischt?"

„Der wilde Willi ist ihm allerdings dicht
auf den Fersen", meint Belli. „Oh, ist das
spannend!"

Gerade als Mikosch durchs Ziel läuft, macht
es ein wenig weiter oben *Peng!* Willi liegt auf
dem Rücken. Er hat alle viere von sich
gestreckt. Auf seiner Stirn prangt eine Beule.

„Ich hab es gesehen", sagt Wind leise. „Es war ein dicker Ast. Er ist einfach dagegen-gelaufen." Unter den Zuschauern wird es ganz still. Alle beobachten, wie ein paar Wiesel mit einer Trage zu Willi laufen. Willi krabbelt benommen darauf. Die Wiesel verarzten ihn.

„Alles in Ordnung!", ruft der Schiedsrichter schließlich in die Runde. „Es ist nur eine Beule!"

„Irgendwie tut er mir leid", meint Tröpfchen. „Wieso passiert ihm dauernd so etwas?" Wind, Flamme und Krümel zucken ratlos mit den Schultern. In diesem Augenblick kommt Mikosch strahlend auf die Zaubermähnen zu.

„Ich habe gewonnen", ruft er glücklich. „Ohne euch hätte ich das nie geschafft! Heute Abend bei der Siegesfeier seid ihr meine Ehrengäste!"

Mirabells Geschenk

Als es zu dämmern beginnt, bemerkt Krümel, dass Königin Mirabell am Waldrand steht. Die grüne Zaubermähne galoppiert zu ihr und begrüßt sie froh.

„Wir haben die Aufgabe erfüllt", sagt sie. „Der kleine Rennfuchs ist wieder frei!"

„Ich weiß", antwortet Mirabell. „Ich habe es im magischen Hufeisen gesehen. Ihr wart wirklich toll!"

„Komm doch mit zur Siegesfeier", schlägt Krümel vor. „Die anderen freuen sich sicher, dich zu sehen."

„Ich nehme die Einladung gerne an", sagt Mirabell und lächelt. „Aber vorher habe ich noch ein Geschenk zu übergeben."

Krümel und Mirabell gehen zu dem großen Holztisch, an dem sich alle Bewohner des Waldes versammelt haben. Gerade singt eine Gruppe von Waldelfen ein Lied; der Specht klopft den Takt dazu. Die Feen tanzen fröhlich mit den Glühwürmchen durch die Luft und die Trollkinder spielen zwischen den Stühlen Fangen.

In der Mitte sitzt Mikosch auf einem Thron. Eine kleine Holzscheibe hängt um seinen Hals, auf der eine Eins steht. Mit großen Augen sieht er die Königin an. Doch sie geht an ihm vorbei zum wilden Willi. Der sitzt mit einem großen Verband um den Kopf grummelig an der Ecke. Seine Mutter sitzt neben ihm. Mirabell schüttelt ihre Mähne und ein blauer Stern löst sich. Sie sagt: „Für dein nächstes Rennen."

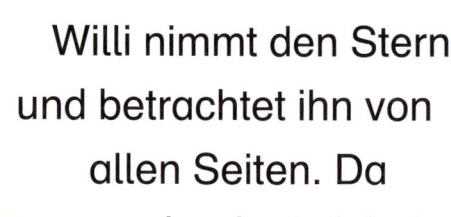

Willi nimmt den Stern und betrachtet ihn von allen Seiten. Da beginnt sich der Stern langsam zu verwandeln, viele kleine Sterne purzeln aus ihm heraus und winden sich in einer Spirale immer höher und höher. Schließlich bildet sich ein Gegenstand, der vor Willi auf dem Tisch liegen bleibt. Es ist ein Haarreif, der bunt schimmert.

„Danke", grunzt er und setzt ihn auf. Nun hängen ihm mit einem Mal keine Haare mehr ins Gesicht!

Auch seine Mutter ist ganz entzückt: „Ach, wie niedlich! Jetzt erkennt man auch deine schönen Augen!"

Willi strahlt. „He Leute, so seht ihr also
aus …?", grunzt er und rekelt sich zufrieden.
Dann hält er Mikosch den Huf hin. „Ent-
schuldigung, das war blöd von mir. Mach ich
nicht noch mal."

Mikosch schlägt ein. „Schon in Ordnung",
sagt er.

„Aber eins darfst du nicht vergessen", meint
Willi und rückt seinen Haarreif zurecht. „Ich
hab jetzt den Durchblick. Nächstes Jahr
gewinne ich, das steht fest!"

Krümel lacht. „Erst mal abwarten und Haare
kämmen", sagt sie. Dann schmiegt sie sich an
Wind und flüstert in ihr Ohr: „Es ist toll, eine
Zaubermähne zu sein. Ich freu mich schon auf
unser nächstes Abenteuer!"

Kein Kuchen für Belli

Krümel sieht sich um und schnuppert. Wie gut das riecht! Überall hängen rote, saftige Äpfel von den Bäumen. Sie muss sich nur noch einen schnappen. Mmmm, lecker. Gerade will sie zubeißen, da macht es *Peng!* Irgendetwas ist gegen ihren Bauch geknallt.

Krümel öffnet die Augen. Um sie herum ist nur noch Wiese. Keine Äpfel mehr. Die sind alle in ihrem Traum geblieben.

Dafür sitzt Belli vor ihr und hält sich das Knie. „Autsch", sagt die kleine Elfe und bläst auf die verletzte Stelle. „Musst du direkt in meiner Landebahn schlafen?"

„Du bist lustig", antwortet Krümel. „Such dir doch eine Landebahn ohne eine schlafende Zaubermähne aus."

„Landen ist ganz schön schwierig", gibt Belli
zu. Sie ordnet ihre blonden Haare und streicht
ihre Flügel glatt. „Das passiert immer einfach
so. *Schwups!* bin ich unten. Nur oft nicht an
der Stelle, an die ich wollte."

„Nicht so schlimm", meint Krümel. „Wir
müssen eben beide noch viel lernen. Du als
königliche Elfenbotin und ich als königliche
Zaubermähne."

Belli sieht Krümel dankbar an: „Bitte verrate
es den anderen nicht!"

„Krümeliges Zaubermähnen-Ehrenwort",
antwortet Krümel.

Die kleine Elfe tut ihr leid. Krümel selbst hat
erst vor Kurzem ihre grünen Zaubersterne
bekommen und lernt jeden Tag mehr über ihre
Zauberkraft. Doch zum Glück ist sie nicht
allein. Ihre Freundinnen Wind, Tröpfchen und
Flamme helfen ihr. Vor allem Wind kann sie
einfach alles fragen. Das weiße Pferd ist ihre

Anführerin. Sie beherrscht mit ihrem Zauber die Luft, die Wolken und den Wind. Flamme, die rote Zaubermähne, kann mit ihren Zaubersternen das Feuer lenken. Tröpfchen, die blaue Zaubermähne, ist Herrin über das Wasser. Und Krümels Sterne wirken in der Natur und bei allem, was lebendig ist. Jedes Pferd allein kann großen Zauber bewirken. Zusammen aber sind sie noch viel mächtiger.

Als Krümel eine Zaubermähne geworden ist, bat die Königin von Mirabilis die vier Pferde zu sich, um ihr und dem ganzen Land zu helfen. Das hatten die Zaubermähnen natürlich gern gemacht.

„Kommst du auf einen netten Plausch vorbei oder schickt dich Königin Mirabell?", fragt Krümel Belli.

Die Elfe kramt in der Tasche ihres pinken Kleides. „Ich stehe als königliche … äh … Botin vor dir." Dann schlägt sie sich mit der Hand an die Stirn. „Ich habe den Brief auf dem königlichen Küchentisch vergessen! Egal, ich weiß sowieso, was drinsteht. Ihr vier sollt zu Königin Mirabell kommen. Irgendwas stimmt nicht bei den Zuckerfeen. Schon seit zwei Wochen kriegen wir keine Süßigkeiten mehr geliefert. Guck mal." Belli zeigt traurig auf ihren Gürtel, der wie ein schlaffer Hula-Hoop-Reifen herunterhängt. „Und so ist es in ganz Mirabilis. Nirgendwo gibt es mehr etwas zu naschen."

Erst jetzt sieht Krümel, dass Belli ganz dünn geworden ist.

„Auweia, wo ist denn dein Bauch hin?", fragt sie besorgt.

„Kein Kuchen, kein Bauch. So einfach ist das", sagt Belli düster. „Deswegen müsst ihr unbedingt mitkommen. Ich kann meinen Gürtel nur noch ein Loch enger machen."

„Das ist ja ein richtiger Notfall." Krümel nickt.
„Komm, wir suchen die anderen Zaubermähnen."

„Darf ich auf deinen Rücken? Nach zwei
Wochen ohne Süßigkeiten bin ich schon
ziemlich schwach", jammert Belli.

„Klar. Steig auf", sagt Krümel und kichert.
„Diese Belli!", denkt sie. „Sie nutzt einfach
jede Gelegenheit, um nicht selbst fliegen zu
müssen."

Mit einem Hops stößt sich die Elfe vom
Boden ab und fliegt zwischen Krümels Ohren.
Dort kann sie die grünen Zaubersterne
betrachten, die in Krümels Mähne glitzern.

„Juhu! Es kann losgehen", ruft sie fröhlich.

Krümel galoppiert quer über die immergrüne
Wiese. In weiter Ferne sieht sie einen weißen,
einen roten und einen blauen Punkt. Das
müssen Wind, Flamme und Tröpfchen sein.

Als sie näher kommen, heben die drei
Zaubermähnen ihre Köpfe.

„Na, Krümelchen", fragt Wind. „Hast du ausgeschlafen?"

„Nein, eine gewisse kleine Elfe hat mich aus meinen Träumen gerissen", antwortet Krümel lachend und schielt nach oben zu Belli.

„Hallo, Belli!", ruft Tröpfchen. „Schön, dass du uns besuchst."

„Besuch? Pah, nein, nein. Ich komme im Auftrag von Königin Mirabell, Herrin des Landes Mirabilis und so weiter und so weiter", sagt Belli. Sie stemmt die Arme in die Seiten.

Dann guckt sie ernst von einer Zaubermähne zur anderen. „Sie bittet euch zu sich ins Regenbogenschloss."

Flamme platzt mal wieder vor Neugierde und scharrt aufgeregt mit dem Huf. „Oh, ich kann es kaum abwarten. Schnell, wir brauchen einen Regenbogen, damit Mirabells Schloss erscheinen kann."

Tröpfchen nickt, aber Krümel sieht ihr an, dass sie lieber in Ruhe weiter auf der immergrünen Wiese grasen würde, als ein neues Abenteuer zu bestehen. Dennoch senkt die Zaubermähne den Kopf und ein blauer Zauberstern purzelt aus ihrer Mähne. Er schwebt nach oben, dreht sich und sprüht Wasser. Die Tropfen glitzern in der Sonne wie Diamanten.

Bald spannt sich direkt über ihnen ein breiter Regenbogen. Krümel guckt gespannt, ob sie das Schloss schon irgendwo sehen kann.

Rabumm!

Plötzlich ist direkt vor ihrer Nase eine Mauer aus bunten Steinen.

Krümel wiehert erschrocken und weicht ein paar Schritte nach hinten aus.

„Alles in Ordnung, Krümel?", fragt Wind besorgt.

Krümel nickt. Genau vor ihr steht das Regenbogenschloss von Königin Mirabell. In voller Größe und ganzer Pracht.

Ein neuer Auftrag

„Puh, das war knapp", stöhnt Belli. Ihr Gesicht ist vor Schreck so weiß wie Puderzucker geworden. „Fast wäre das Regenbogenschloss auf uns gefallen."

„Oh nein. Es tut mir so leid", sagt Tröpfchen. Ihre Stimme zittert. „Das nächste Mal achte ich darauf, dass der Regenbogen ein Stück entfernt ist."

Wind stupst Tröpfchen sacht an. „Es ist ja nichts passiert!", tröstet sie die blaue Zaubermähne. „Und jetzt lasst uns hineingehen. Mirabell wartet auf uns."

Krümel, Tröpfchen und Flamme
traben hinter Wind her in den
Schlosshof. Neben dem
magischen Hufeisen wartet
bereits Königin Mirabell
auf sie.

Das Einhorn hat seine
Flügel ausgebreitet und
sein Fell schimmert
in allen Farben des
Regenbogens. Die
Zaubermähnen ver-
neigen sich. Mirabell hebt
den Kopf und aus ihrem
Horn strömen silberne
Blasen. Sie zerplatzen auf
dem Fell der Zaubermähnen.

„Huch, das kitzelt", quietscht
Tröpfchen und schüttelt sich
lachend.

„Willkommen", sagt Mirabell.
„Ich habe euch gerufen, weil
es in Mirabilis ein neues
Abenteuer zu bestehen
gibt."

Als die vier Pferde
näher treten, beginnt
das magische Huf-
eisen zu leuchten.
Helle Funken
tanzen durch die
Luft.

Flamme ist als
Erste beim Hufeisen
und betrachtet das
Bild, das dort sichtbar
wird.

„Kommt her und seht
euch das an!", ruft sie
aufgeregt.

Eine kleine Zuckerfee sitzt in einer Backstube und weint. Um sie herum türmen sich Berge von verbrannten Kuchen, Törtchen und gestreiften Bonbonstangen.

Belli schlägt die Hände über dem Kopf zusammen. „Oje, was ist denn da los?", ruft sie erschrocken.

„Das ist Schokoladingen. Die Stadt der Zuckerfeen", sagt Wind.

Flamme tänzelt unruhig hin und her. „Ich spüre, dass etwas mit dem Feuer in den Zuckerbäckereien nicht stimmt. Wir müssen den Feen helfen, bevor sich eine von ihnen verletzt."

Mirabell nickt. „Das ist mein Auftrag für euch. Geht nach Schoko- ladingen und seht nach, warum das Feuer außer Rand und Band geraten ist. Viel Glück auf eurer Reise, meine lieben Zaubermähnen." Dann wendet sie sich an Belli. „Du darfst die Pferde auf ihrem Abenteuer begleiten, wenn du möchtest."

„Ich bin dabei! Ohne mich klappt das doch gar nicht", antwortet Belli.

„Wo sie recht hat, hat sie recht", sagt Wind freundlich und zwinkert Krümel zu. „Lasst uns aufbrechen. Der Weg nach Schokoladingen ist weit."

Die Wackelpuddingsümpfe

Krümel freut sich. Nun wird sie wieder ein
bisschen mehr von dem wunderbaren Land
Mirabilis kennenlernen.

 Flamme führt sie an. Sie spürt den richtigen
Weg, denn das Feuer lockt sie. Sie galoppiert
schnell. Fast ein wenig zu schnell für Krümel.
Die kleine Zaubermähne hat alle
Mühe, ihr hinterherzukommen.
Berge und Wiesen fliegen
an ihr vorbei. Dann
gelangen sie in ein weites
Flusstal. Am Ufer des
Flusses stehen Bäume mit
gelben und blauen Blättern.
Dazwischen hängen pflaumen-

große schimmernde Kugeln. Krümel erinnert sich. Wind hat ihr von diesen Bäumen erzählt. Ihre Früchte schmecken nach Blaubeereis mit Vanillesoße. Nur zu gerne würde sie eine der Kugeln probieren. Aber Flamme galoppiert in ihrem rasanten Tempo weiter.

Krümel wirft einen sehnsüchtigen Blick auf die Bäume. Dann folgt sie der roten Zauber-mähne.

„Wenn hier schon die Puddingbäume wachsen, dann ist es nach Schokoladingen sicher nicht mehr weit", versucht Tröpfchen Krümel zu trösten.

Tröpfchens liebe Stimme beruhigt Krümel. „Hoffentlich hast du recht", antwortet sie. „Ich habe nämlich das Gefühl, der Boden unter meinen Hufen gibt irgendwie nach."

„Stimmt", meint Tröpfchen. „Ich fühle mich auch ziemlich wackelig auf den Beinen. Vielleicht können wir die Fee da vorn fragen, was los ist?"

Krümel blickt sich suchend um. Tatsächlich. Eine Fee fliegt auf sie zu. Sie trägt ein rosafarbenes Kleid, das an den Rändern mit Schokoladenstückchen verziert ist. Ihre Flügel glänzen silbrig. Mit der rechten Hand hält sie einen runden roten Lolli wie ein Stoppschild nach oben.

„Halt!", ruft die Fee und schwenkt den Lolli hin und her.

„Hier beginnen die Wackelpuddingsümpfe. Nichtflieger dürfen nicht weiter. Anweisung aus Schokoladingen."

„Aber Kollegin", antwortet Belli und flattert zu der Fee. „Das hier sind die Zaubermähnen. Du kannst sicher eine Ausnahme machen."

Die Fee sieht Belli erstaunt an. „Die Zaubermähnen? Das ist natürlich etwas anderes. Darf ich mich vorstellen? Ich bin Franzi."

Sie flattert aufgeregt zwischen den Pferden hin und her und murmelt: „Wenn das so ist, müsst ihr sogar ganz unbedingt über die Sümpfe kommen. In Schokoladingen geht alles drunter und drüber. Wir brauchen dringend eure Hilfe!"

„Deshalb sind wir hier. Königin Mirabell schickt uns", sagt Flamme. Sie begutachtet den Boden vor ihren Füßen. Er ist fast durchsichtig und zitronengelb. Mutig geht sie einen Schritt weiter. Der Wackelpuddingboden unter ihr gibt nach und schon sinkt sie ein. Schnell zieht sie den Huf zurück. „Verflixt, so geht es nicht!", schimpft sie laut.

Tröpfchen erschrickt und wiehert ängstlich.

Krümel schließt die Augen und überlegt. Da hat sie plötzlich eine gute Idee. Sie senkt den Kopf und grüne Zaubersterne fallen aus ihrer Mähne. Die Sterne drehen sich schnell und plumpsen als kleine Felsbrocken in den Sumpf. *Platsch, platsch, platsch!*

Belli kichert. Die vier Zaubermähnen und die Zuckerfee sind über und über mit gelben Spritzern übersät. „Ihr seht zum Anbeißen lecker aus", sagt sie und fliegt zu Krümel. Sie wischt mit dem Zeigefinger über die Pferdenase, an der ein dicker Wackelpuddingklumpen klebt. Dann leckt sie den Finger ab. „Nicht schlecht. Probiert doch mal!", sagt sie und steckt sich gleich eine ganze Handvoll in den Mund.

Tröpfchen schnuppert. Dann kräuselt sie die Nase und schüttelt sich. „Das ist mir zu glibberig", sagt sie.

„Ein Möhrenkuchen würde dir bestimmt schmecken", sagt die Zuckerfee traurig. „Leider sind alle verbrannt."

„Lasst uns doch endlich losgehen!", ruft Flamme. „Dann gibt es auch bald wieder Möhrenkuchen." Sie besieht sich die Steine, die wie ein Weg durch den Sumpf führen. Dann nimmt sie Anlauf und springt auf den ersten Felsbrocken. „Das klappt ganz wunderbar", meint die rote Zaubermähne. „Tröpfchen, jetzt du!"

„Ich trau mich nicht", gibt Tröpfchen zu. „Was ist, wenn ich ausrutsche?"

„Das wirst du nicht. Hab keine Angst." Wind stupst die blaue Zaubermähne an. Dann schüttelt sie einen weißen Zauberstern aus ihrer Mähne. Sofort weht eine angenehme Brise. „Reitet auf dem Wind", sagt die weiße Zaubermähne. „Er wird euch von Fels zu Fels tragen."

Krümel sieht, wie sich Tröpfchens Hufe sacht vom Boden heben. Sie tänzelt ein wenig und schwebt in einem Bogen durch die Luft. Dann landet sie neben Flamme. So geht es von Stein zu Stein weiter, bis der Wind Tröpfchen über den ganzen Sumpf getragen hat.

„Und los", juchzt Belli zwischen Krümels Ohren. „Jetzt kommen wir!"

Schokoladingen

Es dauert nicht lange, bis alle auf der anderen
Seite der Sümpfe gelandet sind.

Flamme hält ihre Nüstern in die Höhe und
schnuppert. „Der Feuergeruch wird immer
stärker."

„Kein Wunder. Wir sind fast am Ziel", sagt
die Zuckerfee und deutet hinunter ins Tal.
„Unter den Rauchschwaden liegt meine Stadt
Schokoladingen."

Krümel guckt. Dann guckt sie ein zweites
Mal. Tatsächlich. Die Umrisse einer Stadt
werden sichtbar. Viele Häuser sind aus Keksen
gebaut und mit silbernen Zuckerperlen verziert.
Daneben stehen runde Kuchen, in denen
ebenfalls Feen wohnen. Die Straßen sind mit

bunten Schokolinsen gepflastert. In den kleinen Gärten wachsen Bonbonstangen in allen Farben und wilde Gummibären an Sträuchern. Auf dem Marktplatz steht ein Brunnen, aus dem dicker Vanillepudding blubbert. Krümel staunt. So lecker hatte sie sich Schokoladingen in ihren süßesten Träumen nicht vorgestellt.

Die Zuckerfeen allerdings flattern aufgeregt durch die Straßen. Immer wieder sehen sie beunruhigt zu dem großen Vulkan, der sich hinter der Stadt auftürmt. Dicke Rauchschwaden schweben aus dem Krater.

„D…d…da ist ja ein Vulkan", stottert Krümel ängstlich.

„Hab keine Angst", beruhigt Wind. „Die

Zuckerfeen von Schokoladingen leben seit
ewigen Zeiten am Fuße des Vulkans. Sie ver-
wenden sein Feuer für ihre Backstuben. Das
hat immer gut geklappt. Bis jetzt. Unsere
Aufgabe ist es nachzusehen,
warum er nun zu heiß wird."

Krümel schluckt. Ihr ist ein wenig mulmig. Schließlich steht sie vor einem echten Feuer speienden Vulkan. Und nicht nur das: Sie steht vor einem Feuer speienden Vulkan, den sie und ihre Freundinnen reparieren müssen.

Langsam traben die vier Zaubermähnen in die Stadt hinein. Franzi fliegt voraus. Der Geruch von verbranntem Zucker und verschmorter Schokolade vermischt sich mit dem der Kuchenhäuser und des Puddingbrunnens.

Von überallher fliegen Zuckerfeen heran und
wollen die Zaubermähnen sehen. Sie schlagen
schnell mit ihren schimmernden Flügeln,
stecken die Köpfe zusammen und flüstern
aufgeregt miteinander.

Als sie auf dem Marktplatz ankommen, legt Franzi die Hände wie einen Trichter vor den Mund und verkündet: „Alles, was Flügel hat, bitte mal herhören! Wie ihr wisst, verbrennen seit langer Zeit unsere Kuchen in den Back-stuben. Unsere geliebte Königin Mirabell hat uns die Zaubermähnen zu Hilfe geschickt. Bestimmt finden sie heraus, was mit unserem Vulkan nicht stimmt."

„Bravo!" – „Juchhu!" – „Lang lebe die Königin!", rufen die Zuckerfeen durcheinander. Sie klatschen.

Krümel wirft einen unsicheren Blick zu Flamme. Doch die wirkt überhaupt nicht ängstlich. Krümel ist erleichtert. Flamme kennt sich mit Feuer bestens aus. Und wenn *sie* zuversichtlich ist, dass ihr Zauber den Zuckerfeen helfen wird, kann Krümel
ihr vertrauen.

Im Inneren des Vulkans

Nachdem Franzi ihnen Glück gewünscht hat, machen sich die vier Zaubermähnen auf den Weg zum Vulkan. Je näher sie dem Vulkan kommen, desto mehr verbrannte Törtchen, Bonbons und andere Naschereien türmen sich am Straßenrand. Alle Backstuben sind verlassen. Krümel sieht, dass die Wände schwarz vom Ruß sind. Die Öfen leuchten orange.

„Was ist das?", fragt Krümel Wind.

„Das Metall der Öfen glüht", antwortet Wind. „Es darf nicht noch heißer werden, sonst schmilzt es."

Krümel nickt erschrocken.

Sie traben weiter. Die Luft wird immer heißer und stickiger.

„Wenn das so weitergeht, schmelze ich bestimmt", stöhnt Belli.

Krümel lacht. „Tja, stell dir mal vor, wie es dem armen Pferd geht, das dich tragen muss."

„Flamme, warte einen Augenblick", bittet Wind. „Wir müssen uns vor der Hitze schützen." Sie schüttelt ihre Mähne. Vier weiße Zaubersterne fallen heraus. Dann zaubert Tröpfchen. Ihre blauen Sterne schmiegen sich an die weißen Sterne und gemeinsam fliegen sie hoch in die Luft. Krümel merkt, wie die brennende Hitze nachlässt. Ein milder Wind kühlt ihr Fell und es beginnt zu tröpfeln. Ah, tut das gut.

Belli fängt die Tropfen mit ihrer
Zunge auf. „Das ist kein Wasser",
ruft sie begeistert. „Probiert
mal. Das ist Zitronen-
limonade!"

„Oh, das ist mir noch nie
gelungen. Das liegt wohl
an dem vielen Zucker in
der Luft", meint Tröpf-
chen und lacht.

„Schaut, da vorn!",
ruft Krümel nach
einer Weile aufge-
regt. „Ist das der Ein-
gang zum Vulkan?"

„Bisher hab ich immer
gedacht, bei einem
Vulkan kann man nur über
den Krater rein und raus",
antwortet Belli.

„Bisher habe *ich* auch immer gedacht, Regen besteht aus Wasser und nicht aus Limonade." Krümel macht einen kleinen Bocksprung. „In Schokoladingen ist offensichtlich alles noch ein wenig wunderbarer als überall sonst in Mirabilis."

Flamme dreht sich zu Krümel und Belli um. „Krümel hat recht. Da vorn ist ein Eingang. Bleibt hinter mir, wir gehen besser hintereinander hinein."

Die Zaubermähnen folgen einem schmalen Pfad, bis sie in der Eingangshöhle des Vulkans stehen. Trotz der Zauberbrise und des leichten Nieselregens ist es stickig und Krümel fällt es schwer zu atmen. Sie hat das Gefühl, immer weiter in einen Backofen zu laufen.

„Berührt die Felswände nicht", warnt Flamme besorgt. „Sonst versengt ihr euch das Fell. Und du, Belli, pass auf deine Flügel auf!"

„Am besten wäre es, ihr würdet hier ganz schnell die Fliege machen", raunt es plötzlich aus der Höhle. „Haut ab, solange es noch geht." Ein Salamander mit roten Stacheln auf dem Rücken kommt an der Felswand entlang auf die Zaubermähnen zu.

Er stellt die Stacheln auf und macht ein knirschendes Geräusch. *Zisch!* züngelt an der Spitze jedes Stachels eine Flamme empor.

„Seit Kurzem haust hier ein Untier. Ein

Monster. Ein grauenhaftes Etwas. Macht, was ihr wollt. Aber ich gehe!"

„Du bist ein Feuerzeug-Salamander!", jauchzt Flamme. „Ich freue mich, endlich mal einen kennenzulernen."

„Es gibt nicht mehr viele von uns", erklärt der Salamander. „Und in diesem Vulkan gibt es in weniger als einer Minute auch keinen mehr. Ich bin raus. Adios! Auf Wiedersehen! Hier wird es mir einfach zu heiß! Außerdem stinkt es seit ein paar Wochen ständig nach verbranntem Kuchen. Pfui!"

„Wir sind Zaubermähnen und wir wollen herausfinden, warum der Vulkan so viel heißer geworden ist", erklärt Flamme.

Der Salamander flitzt ganz nah an Flammes Ohr und flüstert: „Das Untier ist schuld. Das Monster. Das grauenhafte Etwas."

„Dann müssen wir dieses Untier eben besiegen", sagt Flamme. Sie sieht zu den anderen Zaubermähnen. Die nicken entschlossen mit den Köpfen.

„Echt jetzt? Traut ihr euch das?", fragt der Feuerzeug-Salamander erstaunt.

„Wenn du uns hilfst, den Weg zu finden, werden wir das schon schaffen", meint Flamme.

Der Salamander überlegt und schlägt dabei unruhig seinen langen Schwanz hin und her.

„Na gut", sagt er schließlich. „Ich habe sowieso keine Lust umzuziehen. Ich heiße übrigens Ritschi."

Ritschi führt sie tiefer und tiefer ins Innere des Vulkans.

Seine Bewegungen werden immer hektischer.

„Er hat bestimmt große Angst", denkt Krümel.

Als der Weg scharf nach rechts abbiegt, bleibt er stehen.

„Da haust es", wispert er und seine Stimme bebt dabei.

„Das Untier. Das Monster …"

„… das grauenhafte Etwas", ergänzt Belli.

„Genau." Ritschi hält sich die Augen zu. „Ab jetzt seid ihr dran!"

Die vier Zaubermähnen schleichen um die Ecke und verstecken sich hinter einem großen Felsen.

„Ist ja mal wieder eiskalt hier", hören sie ein dünnes Stimmchen sagen. „Wie soll Zähnchen denn da ordentlich Feuer spucken können? Ich glaube, Zähnchen lässt sich mal die Badewanne voll Lava laufen, sonst wird er wieder krank."

Neugierig tritt Krümel ein paar Schritte vor. Zähnchen? Welches Untier heißt denn Zähnchen? Und ein Monster oder ein grauenhaftes Etwas heißt erst recht nicht so.

Flamme scheint Krümels Meinung zu sein, denn auch sie kommt aus dem Versteck.

Als sich der Rauch ein wenig verzogen hat, sehen sie einen kleinen roten Drachen, der leise vor sich hin spricht. Er liegt in einer Felsmulde, in der kochende Lava brodelt. Er gähnt und speit dabei ein kleines bisschen Feuer.

„Ach, ist das schön", murmelt er. „Es geht doch nichts über ein warmes Bad vor dem Schlafengehen."

„Das ist kein Ungeheuer", sagt Krümel leise. „Das ist nur ein kleiner Drache, der Zähnchen heißt und ein Lavabad nimmt."

Der Drache scheint Krümel gehört zu haben,
denn er guckt über den Rand der Felsmulde
und fragt: „Wer ist denn da, bitte schön?"

Flamme tritt vor. „Hab keine Angst. Wir sind
Zaubermähnen und kommen im Auftrag von
Königin Mirabell", sagt sie.

„Besuch? Ich freue mich!", faucht Zähnchen
und strahlt übers ganze Gesicht. Dabei kann
Krümel einen scharfen Eckzahn sehen, der
aus seinem Drachenmaul ragt. Zähnchen
klettert aus der Felsmulde. Heiße Lava tropft
von seinen Schuppen auf den Boden und
bildet eine glühende Pfütze.

„Wie schön. Seit ich hier eingezogen bin, hatte ich noch keinen Besuch. Kommt doch näher", fordert der kleine Drache die Zauber- mähnen auf. „Wartet, ich heize euch so richtig ein. Da, wo ihr steht, zieht es doch. Ich will ja nicht, dass ihr euch einen Schnupfen holt." Der Drache niest und speit diesmal eine ganze Wolke aus Feuer.

„Nun ist mir klar, warum der Vulkan immer heißer und heißer wird", flüstert Krümel. Dann sagt sie laut: „Wir würden gern zu dir kommen. Aber wir sind nicht so feuerfest wie du. Deine Drachenflammen und die heiße Lava sind nicht gut für uns."

„Ach, wirklich? Ein altes Drachensprichwort sagt: Wärme, Flammen, Feuerschein sind supertoll, leg dich schnell rein. Kennt ihr das?"

„Wie du schon sagst", meint Flamme. „Es ist ein *Drachen*sprichwort. Es gilt nur für Drachen. Uns schadet die große Hitze. Und auch den anderen Wesen, die in der Nähe des Vulkans leben. Die Zuckerfeen zum Beispiel können seit Wochen ihre Backstuben nicht mehr benutzen, weil alles verbrennt."

Zähnchen schlägt sich erschrocken die Drachenkrallen vors Maul.

„Auweia. Und ich bin schuld daran. Das wollte ich nicht. Ich war so froh, dass ich die kuschelig warme Höhle im Vulkan gefunden hatte. Mir war fast nie mehr kalt, weil ich hier so viel Feuer speien konnte, wie ich wollte. Ja, was machen wir denn da bloß?", jammert der Drache. „Dann muss ich wohl wieder umziehen."

Eine feurige Idee

In diesem Augenblick kommen auch Wind, Tröpfchen und Ritschi hinter dem Felsen hervor.

„Quatsch. Du musst doch nicht ausziehen", meint Ritschi und läuft auf Zähnchen zu. „Wir alle hier im Vulkan lieben die Wärme und das Feuer. Vielleicht kannst du einfach ein biss-chen weniger davon speien? Damit sich der Berg nicht so aufheizt?"

Zähnchen setzt sich auf einen Felsvorsprung und sieht Ritschi und die Zaubermähnen traurig an. „Wenn mir nur nicht immer so kalt wäre."

„Ich glaube, da kann ich dir helfen", sagt
Flamme und geht weiter in Zähnchens Wohn-
höhle hinein. Dann schüttelt sie ihre Mähne
und viele rote Sterne fallen heraus. Sie sausen
durch die Höhle und werden zu Tausenden
von roten Funken, die durch die Luft tanzen.
„Ein Feuerwerk!", ruft Zähnchen begeistert.
Plötzlich schweben alle roten Funken zu
einem flammenden Viereck zusammen.

„Komm, Zähnchen", sagt Flamme. „Stell
dich einmal darunter!"

Als Zähnchen nach oben sieht, prasseln
brennende kleine Funken auf ihn herab.
Er schleudert die Arme nach oben und
jubelt: „Eine Feuerdusche! Ich habe
eine Feuerdusche. Ach, das ist
aber schön warm!"

„Und sie wird ab jetzt immer
über dir sein. Wohin du auch
gehst", erklärt Flamme.

Krümel beobachtet
zufrieden, wie Zähnchen
mit geschlossenen Augen
unter der Dusche steht
und das Feuer auf sich
herabregnen lässt. Er
sieht überglücklich
aus. „Das hast du
super gemacht",

raunt Krümel und sieht
Flamme bewundernd an.
„Zähnchen ist es nun nie
mehr kalt. Aber er muss
dazu nicht den ganzen
Vulkan aufheizen."

„Ja, echt genial", pflichtet
Belli ihr bei und …

Groahhhh! tönt es durch
die ganze Höhle. Alle sehen
Belli ängstlich an.

„Das war mein Bauch",
sagt sie entschuldigend.
„Ich habe Hunger. Auf
Schokolade und ein großes
Stück Kuchen."

Wind lacht. „Dann lasst
uns nach draußen gehen
und den Feen die gute
Nachricht überbringen."

Ritschi wuselt voran und die Zaubermähnen und Belli folgen. Als Letzter geht Zähnchen. Die Feuerdusche schwebt über ihm wie ein großer Hut.

Auf dem Marktplatz von Schokoladingen flattern die Feen wieder aufgeregt hin und her.

Eine Fee macht einen lustigen Purzelbaum in der Luft und ruft: „Juhu, die Hälfte der Backöfen ist schon wieder kühl genug, um zu backen!"

Die anderen Feen lachen und stellen Kuchen und Plätzchen auf einen langen Tisch zwischen die Schüsseln mit Zimtschnecken und Dampfnudeln. Neben dem Puddingbrunnen sprudeln kleine Fontänen mit Apfelsaft, Limonade und Kakao.

„Das ist ein Fest ganz nach meinem Geschmack!", sagt Belli, fliegt von Krümels Rücken

und setzt sich mitten auf eine Sahnetorte.
Dann holt sie einen Löffel aus ihrem Kleid und
beginnt, die Sahne in sich hineinzuschaufeln.

„Warte doch wenigstens, bis alle da sind",
meint Krümel und schaut sie ein wenig
ärgerlich an.

„Schon gut", sagt eine sanfte Stimme. „Ich
glaube, wir sind vollzählig."

Königin Mirabell! Das Einhorn steht neben

Flamme und sieht sich zufrieden um. „Esst und trinkt, so viel ihr mögt. Ihr habt es euch verdient, denn ihr habt den Auftrag zusammen geschafft. Und damit meine ich nicht nur meine lieben Zaubermähnen. Nein, auch bei Ritschi, Franzi und den anderen Zuckerfeen möchte ich mich für die Hilfe bedanken. Und Zähnchen, dich heiße ich in Schokoladingen herzlich willkommen."

Mirabell zaubert eine rote Wärmflasche hervor und gibt sie dem kleinen Drachen, der unter dem Funken-regen steht. Die anderen halten deshalb etwas Abstand von ihm.

„Das ist eine Lava-Wärmflasche", erklärt sie und lächelt. „Dann hast du auch nie wieder kalte Füße."

Zähnchen ist sprachlos und drückt die
Wärmflasche ganz fest an sein Herz.
  „Es ist schön, alle so glücklich zu
sehen", sagt Krümel zu Wind, die
neben ihr steht. „Ich bin schon
gespannt, wem wir
das nächste Mal
helfen dürfen!"

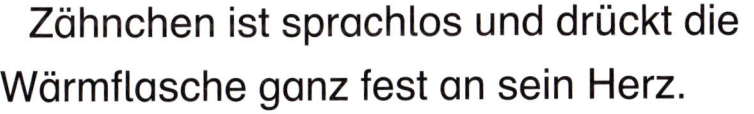

Ein Regenbogen mit Folgen

„Na, warte, das bekommst du zurück!", ruft Krümel und schüttelt ihre Mähne.

Tropfen fliegen nach allen Seiten. Sie nimmt den ganzen Mund voll Wasser und stapft durch den Fluss auf Tröpfchen zu. Dann prustet sie kräftig und spritzt das blaue Pferd von Kopf bis Huf nass.

„Ich liebe es, im Fluss zu planschen", juchzt Tröpfchen. „Flamme, Wind, kommt doch auch rein, das ist wirklich lustig!"

Das weiße und das rote Zauberpferd steigen ins Wasser. Kleine Wirbel kräuseln sich um ihre Beine.

„Bei dieser Hitze ist das eine tolle Abkühlung", schnaubt Flamme. Dann schlägt sie einen Vorderhuf kräftig ins Wasser. *PATSCH!* Der Schwall trifft Krümel am Popo.

Die macht einen Bocksprung zur Seite. „He, Flamme, das ist gemein. Immer auf die Kleinen", wiehert sie.

Krümel ist ein sehr junges Pferd und noch
nicht lange eine Zaubermähne. Sie hat erst vor
Kurzem ihre grünen Zaubersterne bekommen.
Wenn sie die aus ihrer Mähne schüttelt, kann
sie die Natur verzaubern. Und alles, was
lebendig ist. Auch die anderen Pferde sind
Zaubermähnen: Flammes Zauber kann das
Feuer beherrschen. Tröpfchens Zauber das
Wasser. Und Wind, die Anführerin der vier
Zaubermähnen, ist die Herrin über Luft und
Wind. Zusammen helfen sie Königin Mirabell,
wenn jemand in ihrem Land Mirabilis in Not
gerät.

Plötzlich hält Tröpfchen inne. „Schaut mal, da vorn ist ein Regenbogen“, sagt sie.

Tatsächlich! Krümel sieht bunte Streifen am Himmel leuchten.

„Das machen die vielen Tropfen in der Luft“, erklärt Wind. „Und wenn die Sonne daraufscheint, entsteht …“

„… ein Regenbogen“, ergänzt Krümel. „Und unter einem Regenbogen …“

„… erscheint Königin Mirabells Schloss", macht Wind weiter. „Ich kann schon die Umrisse erkennen."

Krümel wiehert froh. „Juhu, dann kann ich Belli besuchen!" Am liebsten würde sie gleich losgaloppieren.

Belli ist eine kleine, pummelige Elfe. Sie wohnt im Regenbogenschloss zusammen mit Königin Mirabell und überbringt den Zauber-mähnen Aufträge von ihr. Und nicht nur das. Die kleine Elfe begleitet die Pferde bei ihren Abenteuern. Krümel und sie sind richtig gute Freundinnen.

„Gute Idee. Und Königin Mirabell auch", meint Flamme. „Wir haben sie schon eine ganze Weile nicht mehr gesehen."

Flamme prescht voraus. Immer wieder ist Krümel erstaunt, wie schnell ihre Freundin ist. Schnell wie ein Blitz. Krümel galoppiert hinter ihr her. Über die immergrüne Wiese, auf der sie wohnen, am Fluss entlang.

Nach einer Weile stehen sie vor dem Regenbogenschloss. Die Mauern sind aus bunten Steinen gebaut, die in der Sonne glitzern. Von überallher tanzen Seifenblasen und die Türmchen des Schlosses se-hen aus wie kleine Sahnetorten.

Tröpfchen betrachtet das Schloss. „Das ist wunderschön", sagt sie.

„Sogar wunder-wunderschön", antwortet Krümel. „Ich kann nicht glauben, dass es so etwas Schönes überhaupt gibt."

„Doch, doch, glaub es ruhig." Belli fliegt um die Ecke und setzt sich zwischen Krümels Ohren.

„Hallo, Belli", begrüßt Wind die kleine Elfe.
„Wie geht's?"

„Super!", antwortet Belli und macht es sich
zwischen Krümels Mähne und den grünen
Zaubersternen bequem. „Und jetzt, wo ich
euch sehe, geht es mir noch viel besser.
Aber … Äh, warum seid ihr überhaupt hier?"

„Wir haben im Fluss geplanscht. Dann ist ein
Regenbogen entstanden und das Schloss ist
sichtbar geworden", erzählt Krümel.

„Mirabell wird denken, ich bin eine Renn-Elfe
geworden", kichert Belli vergnügt. „Sie wollte
mich eben mit einem neuen Auftrag zu euch
schicken. Und im nächsten Augenblick seid ihr
schon da." Die kleine Elfe flattert voran in den
Schlosshof. Die Zaubermähnen folgen ihr und
schauen sich erstaunt um.

„Siehst du das auch?", flüstert Tröpfchen
Krümel zu. „Die Steine in den Schlossmauern
färben sich blau. Hellblau, dunkelblau, türkis,
ozeanblau, himmelblau … Ich spüre, dass
unser neues Abenteuer etwas mit Wasser zu
tun hat."

„Du hast recht", sagt Krümel. Als sie die
Wand betrachtet, hat sie das Gefühl, dass die
Steine sich bewegen. So, als ob sanfte Wellen
über sie hinwegrollen.

„Ihr seid schon da?", fragt Königin Mirabell in diesem Augenblick. Mit erhobenem Kopf tritt das geflügelte Einhorn in den Hof. Sein Fell schimmert in den Farben des Regenbogens. „Das ging aber schnell", wundert sich Mirabell. „Belli ist doch gerade erst zu euch losgeflogen."

„Tja, du hast eben die schnellste Elfen-Botin der Welt", meint Belli und zwinkert den Zaubermähnen zu.

Krümel traut ihren Ohren nicht. Belli ist wohl eher die frechste Elfen-Botin der Welt. Trotzdem sagt sie nichts. Schließlich ist Belli ihre Freundin.

„Wenn die Zaubermähnen direkt vor der Tür stehen, geht es eben noch schneller, nicht wahr, Belli?", sagt Mirabell und lacht.

„Ups", sagt Belli zerknirscht. „Ich habe vergessen, dass du durch das magische Hufeisen alles sehen kannst. Aber weißt du was? Ich habe nur ein winziges kleines bisschen übertrieben. Ich bin total schnell geworden. Nur, was soll ich machen, wenn die Zaubermähnen noch schneller sind?"

Mirabell breitet ihre Flügel aus und geht ein paar Schritte auf die Elfe zu. „Komm zu mir. Du bist meine liebste Elfen-Botin. Das ist sicher. Auch ohne Schummelei."

Belli fliegt unter Mirabells Flügel und kuschelt sich in ihr weiches Fell. „Danke", sagt sie glücklich.

Zwei Wasserelfen in Not

„Hallo, Königin Mirabell", sagt Wind und verneigt sich. Die anderen Zaubermähnen tun es ihr gleich. „Eigentlich wollten wir dich und Belli nur besuchen. Aber wie ich höre, hast du einen Auftrag für uns?"

Mirabell nickt traurig. „Ich habe vorhin etwas Schreckliches im magischen Hufeisen gesehen. Die Wasserelfen brauchen eure Zauberkräfte."

„Oh nein. Die Wasserelfen?", flüstert Belli ängstlich. „Meine Cousine Magda ist eine Wasserelfe. Ist sie … in Gefahr?"

„Nein, es ist nicht Magda", antwortet Mirabell. „Es sind Dina und Lysia, die eure Hilfe brauchen. Aber seht selbst!"

Das magische Hufeisen beginnt zu leuchten. Blaue Blasen steigen aus seiner Mitte empor und zerplatzen auf dem Fell der Zauber-mähnen.

Tröpfchen wagt sich als Erste nach vorn, obwohl nun viele blaue Tropfen aus dem Hufeisen schießen. Sie sieht hinein und sagt: „Bei so stürmischem Wetter können die Elfen weder fliegen noch schwimmen." Entschlossen dreht sich Tröpfchen um. „Zusammen können wir das schaffen. Helft ihr mir, die Elfen zu retten?"

„Aber natürlich", sagt
Wind.

„Klar, wir sind dabei",
sagt Flamme und scharrt
ungeduldig mit den
Hufen. „Kann es los-
gehen?"

„Was ist denn mit Tröpf-
chen passiert?", fragt
Belli Krümel leise. „Die
hat doch sonst vor allem
Schiss. Und nun will sie
mutig die Elfen retten?"

„Es ist das Wasser",
antwortet Krümel. „Die
blauen Schlosswände,
die Tropfen … Dort fühlt
sich Tröpfchen zu Hause.
Es macht ihr keine
Angst."

Belli schlägt sich an die Stirn. „Logo. Da hätte ich natürlich auch von selbst draufkommen können. Sie liebt ja das Wasser." Ohne ein weiteres Wort schwirrt die kleine Elfe ins Schloss hinein.

„He, willst du diesmal denn gar nicht mitkommen?", ruft Krümel Belli hinterher, doch die Elfe scheint sie nicht mehr zu hören und fliegt unbeirrt weiter.

Das grüne Zauberpferd tänzelt verwirrt auf der Stelle hin und her. Ein Abenteuer ohne Belli? Wie langweilig …

Im nächsten Augenblick trudelt ein kugelrundes Etwas durch die Luft auf Krümel zu. „Keine Panik", sagt die Kugel. „Das lass ich mir doch nicht entgehen!"

Nun sieht Krümel genauer hin: Es ist Belli! Die kleine Elfe hat eine geblümte Badekappe auf. Um die Hüfte trägt sie einen grün-weiß gestreiften Schwimmreifen und um die Arme grell-orangefarbene Schwimmflügel. Ein großer silberner Rucksack ragt hinter ihrem Rücken hervor.

„Ich habe schnell die nötigsten Sachen zusammengepackt", meint sie zufrieden. „Von mir aus kann es jetzt losgehen." Sie lässt sich mit einem Seufzer auf Krümels Rücken plumpsen. „Wasserelfen, wir kommen!"

„Was hast du denn in dem Rucksack?", fragt Krümel und schielt nach oben zu Belli. „Der ist ganz schön schwer."

„Handtücher, Badeschuhe, Taucher-flasche … Alles, was man für ein Wasser-abenteuer so braucht", antwortet sie.

Krümel kichert in sich hinein. Dann kann ja nichts mehr schiefgehen.

Der Ewige Wasserfall

Tröpfchen folgt dem Weg am Fluss entlang. Ihr Galopp ist weich und fließend. Wenn ihre Hufe den Boden berühren, klingt es so, als würde sanfter Regen auf die Erde fallen.

Krümel sieht sich neugierig um. So weit flussabwärts ist sie noch nie gewesen. An den

Ufern blühen Blumen. Dreieckige, runde und rechteckige Blütenköpfe recken sich nach der kleinen grünen Zaubermähne. Sie atmet tief ein. Die mit den roten Streifen und den lilafarbenen Punkten riechen besonders gut, findet sie. Auch die Bäume freuen sich. Sie neigen ihre Baumkronen, um besser sehen zu können, wohin die vier Zaubermähnen galoppieren. Nach einer Weile werden die Blumen weniger und der Fluss breiter. Vor ihnen türmt sich ein Berg auf.

„Was ist das für ein Geräusch?", fragt Krümel Wind. „Dieses laute Rauschen."

„Wir sind in der Nähe des Ewigen Wasserfalls", erklärt Wind. „Um zum Dorf der Wasserelfen zu kommen, müssen wir durch ihn hindurch."

Krümel erschrickt. Wie soll das denn gehen? Sie ist schließlich ein Pferd und kein Fisch.

„Du brauchst keine Angst zu haben", beruhigt
Wind sie. „Tröpfchen ist bei uns und ihr Wasser-
zauber ist mächtig. Sie wird uns helfen."

Belli beginnt, auf Krümels Rücken auf und
ab zu hüpfen. „Ein Wasserfall, ein Wasserfall,
juhu, ein Wasserfall. Bald sehe ich einen
echten Wasserfall", singt sie. Dabei schwenkt
sie die Badekappe über ihrem Kopf im Kreis.

„Bist du dir sicher, dass du dich darauf freust? Es klingt mir ganz so, als würden wir uns diesen Wasserfall nicht nur ansehen", wendet Krümel ein.

„Ich bin mir völlig sicher. Ich liiiiiebe Wasser!", ruft Belli. Dann klatscht sie vor Freude in die Hände. „Da vorn rauscht das Wasser den Berg hinunter. Wir sind da!"

Schweigend reiten die vier Zaubermähnen auf den Wasserfall zu. Das Wasser kracht mit lautem Getöse in die Tiefe. Krümel wird ganz mulmig im Bauch.

Belli dagegen hat überhaupt keine
Angst. Sie flattert von Krümels Rücken
und wedelt ihr mit den Schwimm-
flügeln vor der Nase herum. „Ich
habe schon einen Tropfen gespürt",
sagt sie stolz und zeigt ihren
Unterarm, der ein wenig nass
glänzt. „Und jetzt rein in die
Fluten!"

Belli rast auf die herunterstürzende Wasser-
flut zu. Sie fliegt einen Looping, winkt fröhlich
und ist in der weißen Gischt verschwunden.

Es rumpelt und dann hören sie einen Schrei.
Die Pferde sehen einander an. Das klingt nicht
gut.

„Belli", ruft Krümel. „Alles in Ordnung?"

Die kleine Elfe kommt mit schmerz-
verzerrtem Gesicht wieder zum Vor-
schein. „Au, au, aua", jammert sie
und hält sich ihren linken Flügel.
Mit dem anderen flattert
sie wild auf und ab.
Dadurch gerät sie
in Schieflage und
stürzt auf den
Boden.

Tröpfchen ist
sofort bei ihr und
hilft ihr auf.

„Das hat überhaupt keinen Spaß gemacht“,
schimpft Belli und kleine Tränen schimmern in
ihren Augen. „Das Wasser ist hart wie Stein.
Ich glaube, mit meinem Flügel stimmt etwas
nicht.“

Wind geht ganz nah zu Belli. „Darf ich ihn mir
mal ansehen?“, fragt sie ruhig.

Belli nickt. „Klar.“

„Das Wasser hat ein Loch in die zarte Haut gerissen", meint Wind. „Das wächst wieder zusammen, aber du wirst einige Wochen nicht fliegen können."

„Nicht fliegen? Sag, dass das nicht wahr ist", schluchzt Belli. „Eine Elfe ohne Flügel ist wie eine Zaubermähne ohne Zaubersterne."
Sie schiebt trotzig ihre Lippe nach vorn.

Krümel tut ihre Freundin leid. „Warte", sagt sie und schüttelt ihre Mähne. Ein grüner Zauberstern fällt heraus und springt holpernd das Ufer entlang. Als er zu Krümel zurückfliegt, hat er zwei kleine Holzstücke auf die Stern- spitzen gespießt. Zufrieden stupst Krümel den Stern in Bellis Richtung und die beiden Hölzer legen sich dicht an den verletzten Flügel der kleinen Elfe.

„Huch, was ist denn das?", fragt sie erstaunt.

„Eine Schiene. Damit der Flügel schneller heilt", antwortet Krümel.

„Fühlt sich gut an", meint Belli und schwingt den Flügel auf und ab. Sie startet, beginnt aber zu trudeln. Plötzlich wird sie schnell und rast im Zickzack durch die Luft.

„Ohhhhhh … Stopp!", ruft sie. „Das ist irgendwie anders als sonst."

Krümel verfolgt Bellis Flug mit den Augen und springt unter sie. „Lass dich fallen", ruft sie der Elfe zu.

Belli kracht auf Krümels Rücken. „Hoppla. Jetzt bin ich aber ganz schön rumgeflumpelt."

„Geflumpelt?", fragt Krümel und kichert.

„Na, eine Mischung aus fliegen und humpeln – flumpeln eben", erklärt sie.

Tröpfchen wiehert ernst und sagt: „Wir müssen weiter. Dina und Lysia, die beiden Wasserelfen, sind sehr verzweifelt. Ich spüre die Tränen, die sie weinen." Sie schüttelt den Kopf und die langen, welligen Haare ihrer Mähne wehen durch die Luft. Viele kleine blaue Sterne werden sichtbar und tanzen in einer Reihe auf den Wasserfall zu. Das Sternenband umschlingt das herunterströmende Wasser und zieht es wie einen Vorhang zur Seite. Hinter dem Wasserfall ist ein Tunnel im Berg, durch den der Fluss weiterfließt. Am Ende des Tunnels sehen die vier Zaubermähnen bunte Boote im Wind schaukeln. Sie sind über und über mit Blüten geschmückt und mit Blumenranken am Ufer befestigt.

Durch den Tunnel weht eine kräftige Brise, die einen zarten Duft zu den Zaubermähnen trägt.

Krümel schnuppert mit erhobenen Nüstern. Mmh, lecker! „Die Blütenboote, in denen die Wasserelfen wohnen, riechen aber gut", flüstert sie aufgeregt.

„Die Elfen nennen ihr Dorf Seerosia. Weil dort die schönsten Seerosen blühen", erklärt Tröpfchen. „Und es stimmt. Die Mischung aus frischem Wasser und den Blüten ist einfach fantastisch." Tröpfchen atmet tief ein und schließt die Augen. „Geht mir vorsichtig nach", sagt sie. „Die Steine sind glitschig und der Wind tückisch."

Das Dorf der Wasserelfen

Tröpfchen führt die Zaubermähnen sicher am geteilten Wasserfall vorbei durch den Felsentunnel. Als sie aus dem Tunnel treten, bläst eine Windböe sie fast von den Hufen. Vorsichtig kämpfen sie sich vorwärts.

Krümel sieht, dass die Wasserelfen misstrauisch durch die Fenster ihrer Boote schauen. Einige haben sich sogar hinter den Vorhängen versteckt. Sie blicken immer wieder scheu zu den Pferden hinüber.

„Habt keine Angst", ruft Tröpfchen den Elfen zu. „Wir wollen
Dina und Lysia helfen. Wir
sind Mirabells Zauber-
mähnen und kommen in
ihrem Auftrag." Sie reckt
ihren Kopf in die Höhe
und schnaubt.

„Magda. Huhu,
Magda." Belli hat ihre
Cousine entdeckt, die
neugierig aus einem
der Boote getreten
ist. Sie winkt ihr zu.

„Belli? Bist du das?", ruft Magda
gegen den Wind an. Die Wasserelfe
streicht aufgeregt über ihr lila
schimmerndes Kleid
und läuft ans Ufer.
In diesem Moment
strömen auch die
anderen Wasserelfen
aus ihren Häusern.
Der Wind bauscht ihre
luftigen Kleider auf
und sie müssen die
Blüten in ihrem Haar
festhalten.

„Könnt ihr Dina und Lysia helfen?", fragt Magda. „Sie sind ganz allein da draußen. Mitten auf dem Sternenmeer." Magdas Blick verdüstert sich.

„Wie ist das denn überhaupt passiert?", fragt Tröpfchen besorgt.

„Wir haben unser Wasserballett für das Blumenfest geprobt. Bei diesem Tanz schwimmen wir auf Seerosenblättern und machen Handstände und Purzelbäume im Wasser. Das sieht sehr schön aus. Doch dann ist dieser starke Wind aufgekommen. Und bei starkem Wind können wir nicht fliegen. Wir anderen konnten uns gerade noch ans Ufer retten, aber Dina und Lysia …"

Magda schluchzt laut auf und eine silberne Träne rollt ihre Wange hinunter. „… trieben auf ihren Seerosenblättern ab. Und der Murmelnde Fluss mündet ins offene Sternenmeer. Es ist furchtbar", flüstert sie heiser und wendet ihr Gesicht ab.

Die anderen Wasserelfen beginnen ebenfalls zu weinen und suchen nach ihren Taschentüchern. „Ganz schrecklich furchtbar", wiederholen sie gleichzeitig.

Flamme schüttelt ihre Mähne und steigt mit den Vorderbeinen hoch. „Tröpfchen, hast du eine Idee, wie wir die Elfen retten können?", sagt sie.

Tröpfchen nickt. „Dürfen wir eines eurer Blütenboote ausleihen?", fragt sie Magda.

„Ihr könnt meines nehmen", bietet Magda an. „Bringt uns nur Dina und Lysia sicher zurück."

„Versprochen", sagt Tröpfchen. „Bald sind sie wieder bei euch. Ihr könnt euer Blumenfest getrost weiter vorbereiten."

Die Wirbelwellen

„Das macht Spaß",
sagt Flamme und läuft auf dem Blüten-
boot hin und her. „Die wilde Strömung ist ganz
nach meinem Geschmack."

   Die vier Zaubermähnen stehen an Deck von
Magdas Boot. Sie blicken in die weißen
Schaumkronen, die auf dem Murmelnden
Fluss tanzen. Der Wind ist immer noch kräftig
und das Segel ist gebläht.

Das Boot fährt so schnell, dass Krümel schwindelig wird. Sie hält sich mit den Zähnen an einer blauen Blumenranke fest, die vom Dach des Bootes herunterhängt. „Mir wackelt dasch echt schu schtark", sagt sie unglücklich.

Sie sieht zu Tröpfchen und Wind hinüber, die ganz vorn im Boot stehen.

Es ist das erste Mal, dass Krümel auf einem Boot mitfährt. Der Wind zerrt an dem Segel und das Boot ist sehr schnell unterwegs.

„Tröpfchen, kannst du zaubern, dass es nicht so schaukelt? Krümel ist noch grüner als sonst um die Nase", bittet Belli.

Tröpfchen wendet sich zu Krümel um und lächelt. Dann schüttelt sie ihre Mähne. Als die Zaubersterne auf der Wasseroberfläche landen, werden die Wellen sanfter. Sofort hört auch das Boot auf, sich hin und her zu wiegen.

„Danke, Tröpfchen, danke, Belli!", sagt Krümel erleichtert.

„Ach, menno!", knurrt Flamme mürrisch. „Das war wohl nichts mit meiner kostenlosen Wild-wasser-Fahrt."

„Elfen in Sicht", ruft Wind plötzlich und wiehert. „Dina und Lysia sitzen noch auf ihren Rosenblättern. Doch es kommen Wirbelwellen von allen Seiten auf sie zu."

„Wirbelwellen?", fragt Tröpfchen mit er-stickter Stimme. Ihr Fell wird ganz blassblau. „Die sind tückisch, weil sie alles unter Wasser ziehen. Ich weiß nicht, ob mein Zauber etwas gegen sie ausrichten kann."

Sie senkt den Kopf.

„Du bist doch nicht allein", sagt Wind und stupst das blaue Zauberpferd aufmunternd an. „Mirabell hat uns zusammen losgeschickt. Gemeinsam werden wir diese Wirbelwellen besiegen, glaube mir."

„Du hast recht", antwortet Tröpfchen und richtet sich wieder auf. Mutig blickt sie auf das offene Sternenmeer.

„Da sind sie!", ruft Krümel aufgeregt und wiehert den Wasserelfen zu.

„Ja, sie haben uns auch gesehen und winken!", erkennt Tröpfchen. „Sie sehen sehr erschöpft aus."

Der bunte Zauberstern

„Hierher! Hier sind wir", rufen Dina und Lysia. Ängstlich halten sie sich an den Rosenblättern fest, auf denen sie sitzen.

„Haltet durch", ruft Tröpfchen. „Wir sind gleich bei euch."

„Diese schrecklichen Wellen kommen immer näher", ruft eine der Elfen. „Was sollen wir bloß tun?"

„Die Wellen werden euch bestimmt nichts anhaben", verspricht Tröpfchen mit ruhiger Stimme. „Unser Zauber ist viel stärker." Sie nickt Wind ernst zu.

Dann lässt sie einen blauen Zauberstern aus ihrer Mähne ins Wasser fallen und die Strömung wird stärker. Sie trägt das Blüten-boot immer näher an die Elfen auf ihren Seerosenblättern heran.

Nun trennt sie nur noch der gefährliche Ring aus Wirbelwellen von den beiden Wasserelfen.

Die vier Zaubermähnen sehen sich an. Ihnen ist klar, was sie tun müssen. Zuerst schüttelt Tröpfchen ihre Mähne. Ein blauer Zauberstern fällt heraus. Er schwebt wie ein schimmerndes Dach über ihnen. Dann nicken Wind, Krümel und Flamme gleichzeitig mit den Köpfen. Drei winzige Zaubersterne rieseln hervor: ein weißer, ein grüner und ein roter. Sie tanzen um den blauen Riesenstern herum, bis die Zacken des blauen Sterns rot, weiß und grün sind.

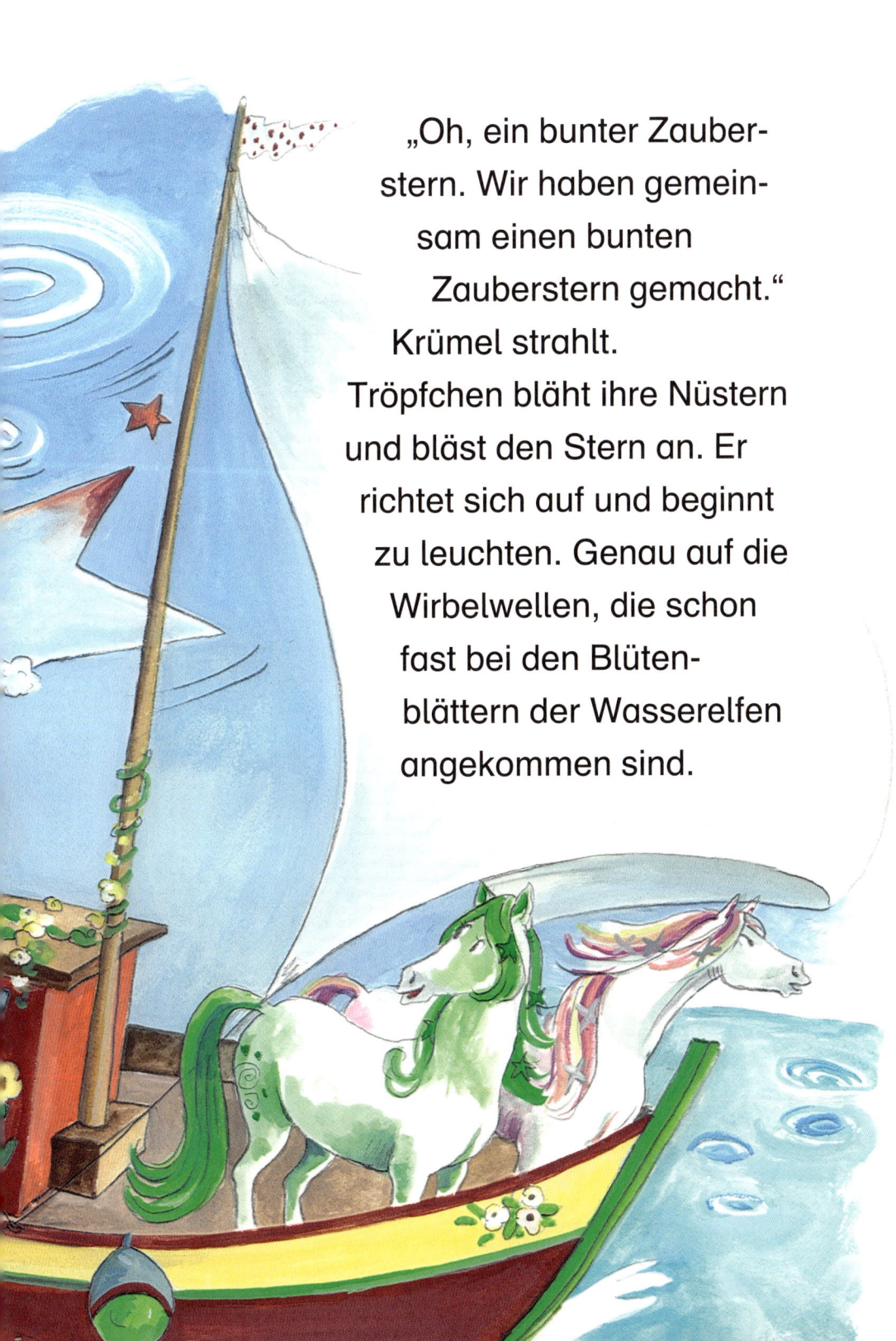

„Oh, ein bunter Zauber-
stern. Wir haben gemein-
sam einen bunten
Zauberstern gemacht."
Krümel strahlt.
Tröpfchen bläht ihre Nüstern
und bläst den Stern an. Er
richtet sich auf und beginnt
zu leuchten. Genau auf die
Wirbelwellen, die schon
fast bei den Blüten-
blättern der Wasserelfen
angekommen sind.

„Seht mal", sagt Tröpfchen staunend. „Der blaue Lichtstrahl beruhigt die Wellen."

„Und der weiße bläst schöne Figuren aus ihnen. Die Welle dort drüben bildet ein Herz und diese hier", Wind schaut in die andere Richtung, „sogar einen Schwan. Unglaublich!"

Flamme tänzelt an der Reling entlang und ruft laut: „Der rote Lichtstrahl verbrennt die Gischt. Die Wirbelwellen sind nun überhaupt nicht mehr gefährlich."

Krümel deutet auf zwei Delfine, die heran-
schwimmen. „Die Tiere des Sternenmeers
kommen zu uns. Sie folgen dem grünen
Zauberlicht."

Die Delfine richten sich im Wasser auf und
winken den Zaubermähnen mit ihren Flippern
zu. Dann springen sie durch das Wellenherz
und tauchen bei den beiden Wasserelfen
wieder auf. Sie strecken ihren Kopf aus dem
Wasser und keckern Dina und Lysia etwas
auf Delfinisch zu.

Dina steht bewegungslos auf ihrem Rosenblatt und kann nicht glauben, was gerade um sie herum geschieht. Lysia hingegen beugt sich zu den beiden Delfinen hinunter und streichelt sie. „Wo kommt ihr denn auf einmal her?"

„Die Delfine tragen euch sicher zu uns", ruft Tröpfchen den Wasserelfen zu. „Habt keine Angst!"

Offensichtlich haben die Delfine Tröpfchen verstanden, denn sie wenden und bieten den Elfen an, aufzusteigen.

„Scheint so, als ob ich mein Seenot-Rettungs-Zeugs wieder einpacken kann. Euer Super-Zauberstern hat alles von allein geregelt", hört Krümel Belli murmeln. Doch am Klang ihrer Stimme merkt Krümel, dass Belli nicht besonders traurig darüber ist.

Die Delfine tragen die beiden Elfen an den Rand des Blütenbootes und Tröpfchen lässt zwei Blumenranken mit einem Ende ins Wasser baumeln. Die anderen Enden hat sie im Maul. „Klettert nach oben", sagt sie.

Mit letzter Kraft schaffen es Dina und Lysia an Bord und lassen sich aufs Deck plumpsen. Die Armen haben ganz nasse und verklebte Flügel und ihre Kleider sind zerrissen, weil der Wind so an ihnen gezerrt hat.

Krümel tun die kleinen Elfen leid. Es wird höchste Zeit, dass sie Dina und Lysia nach Seerosia zurückbringen.

Belli reicht ihnen eine Flasche Wasser, die die Elfen dankbar austrinken. „Zum Glück hatte ich nicht alles umsonst dabei", sagt Belli zufrieden und schnürt den silbernen Rucksack wieder zu. „Und jetzt ab die Post nach Hause … äh … ich meine natürlich: nach Seerosia. Flamme, kannst du nicht irgendwas mit Feuer zaubern, damit wir schneller sind?"

Belli klopft dem roten Zauberpferd frech auf den Po.

Flamme springt zur Seite und lacht. „Die rote
Zaubermähne ist stets zu deinen Diensten.
Bitte sehr: ein Feuerantrieb", sagt sie und
schüttelt ihre Mähne. Drei rote Sterne fallen
heraus und fliegen an das Heck des Blütenbootes. Ein Feuerstrahl schießt aus ihnen und
das Blütenboot setzt sich in Bewegung. Erst
langsam, doch dann nimmt es immer mehr
Fahrt auf.

„Renn-Elfe in einem Rennboot im Anmarsch!",
schreit Belli laut.

„Oh nein", denkt Krümel. „Nicht schon wieder
diese Schaukelei!"

Auch Dina und Lysia fassen sich erst ängstlich an den Händen, doch nach einiger Zeit
lächeln sie einander glücklich an.

Das Fest der Wasserelfen

Als sie die Blütenboote von Seerosia sehen,
sind die Flügel der Elfen schon beinahe wieder
getrocknet. Das Dorf sieht noch duftiger und
bunter aus, als Krümel es in Erinnerung hat.
Am Ufer drehen sich Blumenköpfe wie Kreisel
und auf dem Murmelnden Fluss schwimmen
so viele Blütenblätter, dass man kein Wasser
mehr sehen kann.

„Wie es aussieht, kommen wir rechtzeitig zum Fest", ruft Lysia und winkt einer Wasserelfe, die freudig auf sie zufliegt.

Sie schwingt vorsichtig ihre Flügel auf und ab und fliegt einen kleinen Bogen. „Juhu, es geht wieder!", jubelt sie. „Komm, Dina, wir ziehen uns um. Dann feiern wir das Blumenfest und natürlich unsere Rettung. Danke, ihr lieben Zaubermähnen! Bis gleich." Sie wirft Tröpfchen einen Luftkuss zu und fliegt mit Dina ans Ufer.

Eine Stunde später stehen die Zaubermähnen mit Hunderten von Wasserelfen am
Ufer und sehen gebannt
auf den Murmelnden
Fluss.

„Wann fängt die
Vorstellung denn
endlich an?", fragt
Flamme unge-
duldig.

„Nur ruhig", ant-
wortet Tröpfchen
gelassen. „Es geht
bestimmt gleich los!"

„Schaut, da vorn!",
ruft Krümel.

Aus dem Fluss taucht langsam eine geschlossene Seerosenblüte auf. Dazu ertönt eine leise Glockenmelodie.

Die Blütenblätter der Seerose öffnen sich eines nach dem anderen. Genau in der Mitte steht ein geflügeltes Einhorn, das in den Farben des Regenbogens schimmert. Um es herum stehen Wasserelfen im Kreis.

„Königin Mirabell!", raunt die Zuschauer-menge.

Die Königin senkt ihr Horn zum Gruß. „Ich freue mich, hier zu sein", sagt sie feierlich. „Und besonders freue ich mich, dass Dina und Lysia wieder wohlbehalten in Seerosia ange-kommen sind. Das ist dem unerschrockenen Einsatz meiner Zaubermähnen und ihrer Elfen-freundin Belli zu verdanken."

Die Menge jubelt und klatscht. Belli stellt sich auf Krümels Rücken, verbeugt sich und ruft: „Danke. Das war doch kein Problem für mich!"

Königin Mirabell zwinkert den Zaubermähnen zu. Dann hebt sie den Kopf und sagt: „Und jetzt: Bühne frei für das Wasserelfen-Ballett!"

Krümel lehnt glücklich ihren Kopf an Winds weichen Hals. „Es ist schön zu wissen, dass unser Zauber so stark ist", wispert sie. „Ich glaube, gemeinsam können wir einfach jedes Abenteuer bestehen."

„Das nächste kommt bestimmt, kleine Krümel", flüstert Wind zurück. „Und weißt du was? Ich freu mich schon darauf."

Ann-Katrin Heger arbeitete viele Jahre als Redakteurin in verschiedenen Kinder- und Jugendbuchverlagen, bevor sie sich als Autorin selbstständig machte. Sie lebt mit Mann, Kater, Kindern und Büchern in Fürth.

Dorothea Ackroyd wurde 1960 in Herford geboren. Sie studierte Visuelle Kommunikation und Grafikdesign und arbeitet heute freiberuflich als Illustratorin, seit der Geburt ihrer Tochter hauptsächlich für Kinder- und Jugendbuchverlage.

Erlebe fantastische Abenteuer mit den Zaubermähnen!

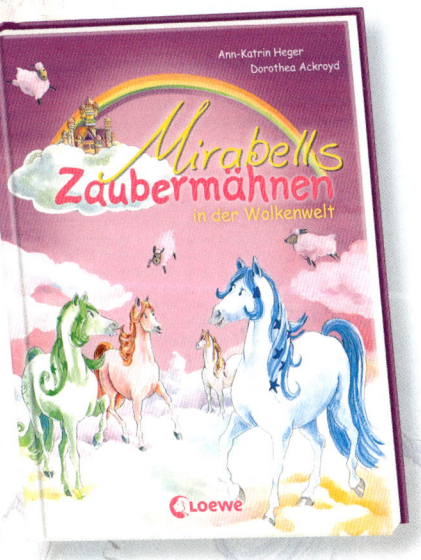

Band 4
ISBN 978-3-7855-8247-3

Band 5
ISBN 978-3-7855-8636-5

Wenn Königin Mirabell die vier Zaubermähnen Flamme, Tröpfchen, Krümel und Wind zu sich ruft, beginnt ein fantastisches Abenteuer im Land Mirabilis ...

Band 1
ISBN 978-3-7855-8288-6

Band 2
ISBN 978-3-7855-8289-3

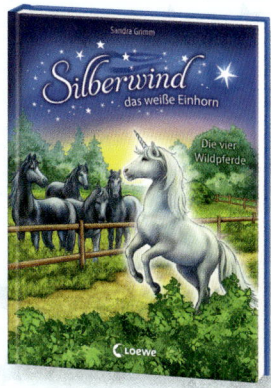

Band 3
ISBN 978-3-7855-8290-9

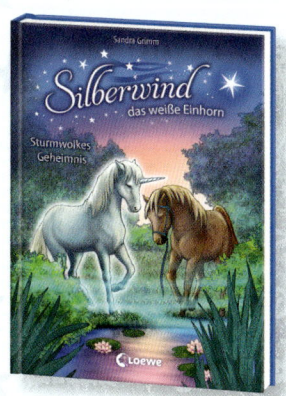

Band 4
ISBN 978-3-7855-8291-6

Band 5
ISBN 978-3-7855-8828-4

Band 6
ISBN 978-3-7855-8833-8

Das will ich lesen!